Eifel

BARABASCHI / SCHWALM

LIEBLINGSPLÄTZE
zum Entdecken

Eifel

BARABASCHI / SCHWALM

KULTUR

GMEINER

Alle Bilder stammen vom Fotografen und Autor Axel Schwalm.

Besuchen Sie uns im Internet:
www.gmeiner-verlag.de

© 2017 – Gmeiner-Verlag GmbH
Im Ehnried 5, 88605 Meßkirch
Telefon 07575/2095-0
info@gmeiner-verlag.de
Alle Rechte vorbehalten
1. Auflage 2017

Lektorat: Teresa Storckenmeier/Isabell Michelberger
Satz: Mirjam Hecht
Bildbearbeitung/Umschlaggestaltung: Benjamin Arnold
unter Verwendung eines Fotos von Axel Schwalm
Kartendesign: Mirjam Hecht; © The World of Maps (www.123vectormaps.com)
Druck: AZ Druck und Datentechnik GmbH, Kempten
Printed in Germany
ISBN 978-3-8392-1997-3

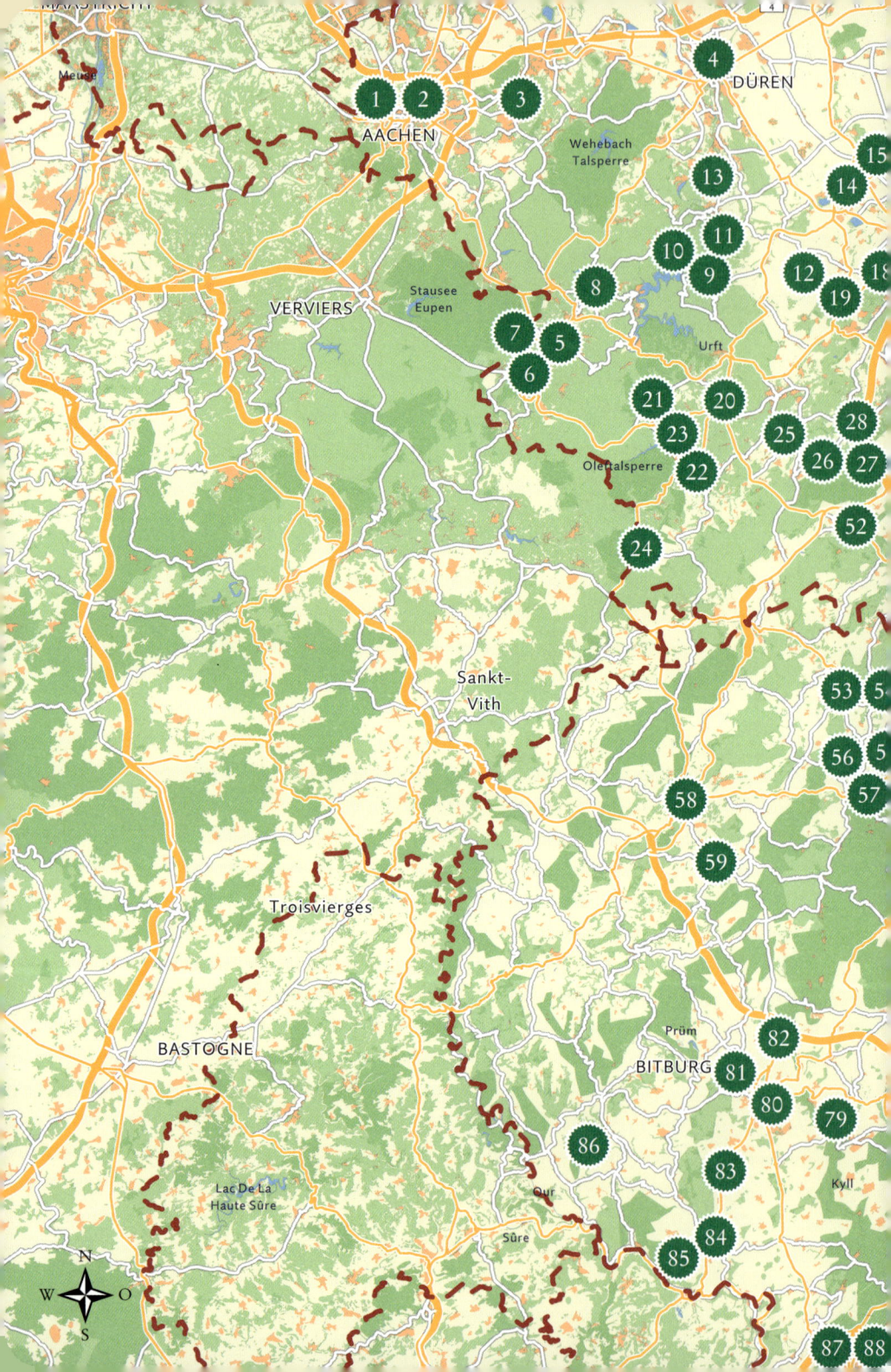

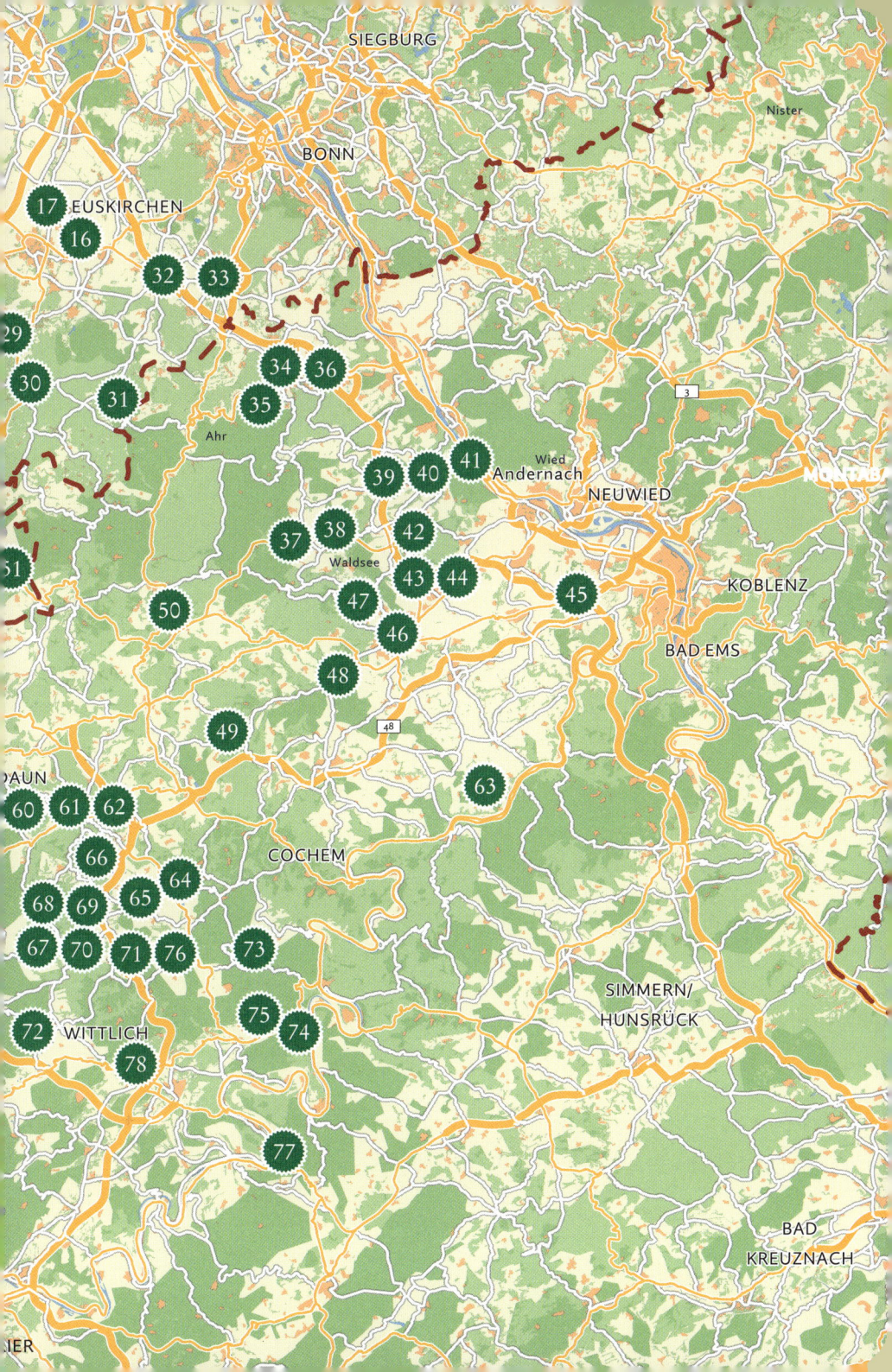

AACHENER DOM /// DOMHOF 1 /// 52062 AACHEN ///
02 41 / 47 70 90 /// WWW.AACHENERDOM.DE ///

MACHT OHNE PRACHT

Der Thron Karls des Großen im Aachener Dom

Angeblich verdankt Aachen seinen Aufstieg zur Dauerresidenz Karls des Großen den heißen Thermalquellen, die schon bei Karls Vater, Pippin dem Jüngeren, sehr beliebt waren. Dass Karl seine Pfalzkapelle im Jahr 793 auf Ruinen römischer Thermen errichten ließ, wird auf diese Leidenschaft zurückgeführt.

Der Aachener Dom bekräftigte durch die Jahrhunderte die Rolle Karls des Großen und weiterer 30 deutscher Könige als Nachfolger der römischen Kaiser und als von Gott Auserwählte. Der Thron trug seinen Teil dazu bei. Vom Erdgeschoss aus blieb der in der westlichen Galerie stehende Königsstuhl für die Betrachter verborgen. Der dort sitzende Kaiser konnte sein Volk jedoch im Auge behalten.

Heute begleitet ein Domführer den Besucher ins Obergeschoss. Der Anblick des schlichten Throns löst meist Verblüffung aus. Seine karge Erscheinung steht im Widerspruch zum prächtigen Oktogon, aus dem der Besucher gerade emporgestiegen ist. Doch man lasse sich nicht täuschen! Untersuchungen haben bestätigt, dass sowohl die Marmorplatten als auch die Stufen, aus denen der Thron errichtet wurde, aus der Grabeskirche Christi in Jerusalem stammen. Bei näherer Betrachtung erkennt man sogar Ritzzeichnungen auf den Platten, die ein altes römisches Mühlespiel und eine Kreuzigung darstellen. Die sechs Stufen, deren Zahl an den Thron König Salomons erinnert, bildeten einmal eine Säule, die zur Stufenform zersägt wurde. Was hätte den Machtanspruch des christlichen Kaisers besser verdeutlichen können, als auf einem Thron aus der Kirche Jerusalems zu sitzen?

Nach Karls Tod wetteiferten seine Nachfolger darum, die Kirche weiter zu schmücken, sodass sie heute kostbarste Schätze aufbewahrt: Kaiser Heinrich II. stiftete den goldenen Ambo. Die berühmte *Pala d'oro* ist vermutlich ein Geschenk von Otto III.

🏛 Zu Fuß 1,6 km vom Dom entfernt befinden sich die *Carolus Thermen*. Umgeben von mächtigen Säulen und Palmen wird man hier in der Thermal- und Saunawelt wie ein Kaiser verwöhnt. www.carolus-thermen.de

CAFÉ-STUBEN VAN DEN DAELE /// BÜCHEL 18 ///
52062 AACHEN /// 02 41 / 3 57 24 /// WWW.VAN-DEN-DAELE.DE ///

GENIESSEN AUF BELGISCH

Die Café-Stuben van den Daele in Aachen

Hierher kommen die Aachener, wenn sie ihre Gäste verwöhnen möchten: *van den Daele*, das älteste Kaffeehaus der Stadt!

Im 19. Jahrhundert entwickelte der aus Gent stammende Leo van den Daele eine Leidenschaft, die wenig zu seiner adeligen, aber sehr zu seiner belgischen Herkunft passte: die Feinbäckerei. 1890 gründete der begabte Pâtissier seine Konditorei in Aachen, wo sie sich noch heute – über 120 Jahre später – befindet.

Schnell erkennen die Gäste die lange Tradition des Kaffeehauses: Es besteht aus vier historischen Gebäuden von 1655, die im Lauf der Jahrhunderte vereint wurden. Dunkle, schmale Holztreppen führen die Besucher zu verwinkelten Fluren, an deren Ende gemütlich eingerichtete Räume warten. Sie wirken fast wie großmütterliche Stuben und schenken dem Ganzen ein einzigartiges Flair. An den Wänden hängen auf der geprägten Ledertapete die originalen Printen- und Spekulatiusformen von Herrn van den Daele, dessen Ruhm sie noch heute in die Welt tragen.

Die Auswahl an köstlichen Kuchen ist überwältigend und folgt einer strengen Regel: Es werden nur frische regionale Zutaten für die Rezepte verwendet. Deshalb wechselt das Angebot mit der Saison. Gewürze, Kaffee und andere exotische Rohstoffe werden von ausgesuchten Kleinhändlern bezogen, wobei auf fairen und ökologischen Handel geachtet wird.

Reis- und Obstfladen sowie Printen gehören zu den Verkaufsschlagern, aber man sollte auf keinen Fall die Chance verpassen, auch andere belgische Spezialitäten zu kosten, die es nur hier gibt, wie den *Spieß*: ein Kuchen mit getrockneten und pürierten Äpfeln und Birnen, eine herbstliche Delikatesse. Eine neuere Kreation der Hauskonditoren sind die Orangen-Printen, zubereitet mit Orangensaft und verfeinert mit einem Schlag Honig: für Feinschmecker unwiderstehlich!

🖙 Das Kaffeehaus kann bis zu 120 Gäste willkommen heißen, aber besonders während der Weihnachts- und Sommerzeit ist es empfehlenswert, einen Tisch zu reservieren.

BURGRITTER-LAGER AUF BURG STOLBERG ///
FACHES-THUMESNIL-PLATZ /// 52222 STOLBERG ///

DAS MITTELALTER ERLEBEN

Das Burgritter-Lager auf Burg Stolberg

Seit Jahren hatte ich mir vorgenommen, das Burgritter-Lager auf Burg Stolberg zu besuchen. Davon hatte ich viel in der Presse gelesen, aber irgendwie hatte es noch nicht geklappt … bisher!

Es ist ein warmer Vormittag Anfang Mai, und nachdem wir das Auto nicht gerade in der Nähe der Burg geparkt haben, machen wir uns auf den Weg. Zum Glück spielt das Wetter mit: Die schwarzen Dächer der Burg glänzen unter der Sonne, als wir uns voller Neugier nähern.

Schon von Weitem beeindruckt die Zahl der Zelte, die sich zwischen dem Faches-Thumesnil-Platz und der Wiese am Pestkreuz mit wehenden Fahnen und bunten Farben zur Schau stellen. Es ist eine echte Belagerung, wie man sie aus Büchern über das Mittelalter kennt. Die Besonderheit dieses Festes besteht aber darin, dass es kein gewöhnlicher Mittelaltermarkt ist. An diesem Wochenende treffen sich Freunde in Stolberg, die – sagen wir es so – verknallt in dieses Zeitalter sind; Gruppen, die nicht nur aus Deutschland kommen, sondern aus ganz Europa. Es geht hier nicht darum, Waren zu verkaufen. Jeder zeigt, was er kann, und trägt zum Gelingen bei.

Ein Mädchen in prächtigem Gewand singt ein altes Lied, während Musikanten sie mit Harfen und Flöten begleiten. Freche Gaukler wetteifern mit einem Magier um die Aufmerksamkeit der Kinder und deren Begleiter. Ich stehe staunend vor dem Schmied, der Kettenhemden herstellt. So eine Rüstung besteht aus knapp 30.000 Ringen und wiegt ungefähr 15 Kilogramm. Was für eine Leistung! Man kann auch lernen, Seile herzustellen. Sogar ein begabter Münzfälscher und mehrere Bettler mischen sich unter das Volk. Und die Ritter? Die lassen sich keine Gelegenheit für ein Scharmützel entgehen.

Stimmung und Flair des Mittelalters wirken hier authentisch!

✍ Die Daten der Veranstaltung ändern sich jedes Jahr. Um das Fest nicht zu verpassen, sollte man sich am besten im Internet erkundigen.

Zum Andenken unseres Vaters
Geh. Commerz. Rat
Leopold Hoesch
errichtet.

1905

DER KUNST GEWIDMET
Das Leopold-Hoesch-Museum in Düren

Das Leopold-Hoesch-Museum in Düren ist eine der eindrucksvollsten Bühnen Deutschlands für Werke der Klassischen Moderne, der Konkreten Kunst und der Gegenwartskunst.

Als die Stadt am 16. November 1944 unter den Bomben des Zweiten Weltkriegs fast vollständig zugrunde ging, überstand das prächtige Neubarockgebäude den Angriff wie durch ein Wunder mit nur geringen Schäden. Der imposante, vom Aachener Architekten Georg Frentzen geschaffene Palazzo war 1905 nach einer Schenkung von Wilhelm Hoesch errichtet worden. Der Sohn des Stahlindustriellen Leopold Hoesch finanzierte den Bau, um ein Kunstmuseum in Erinnerung an seinen Vater zu gründen. Im Lauf der Zeit wuchs die Zahl derjenigen, die zur Verwirklichung dieses Vorhabens beitrugen. Das Museum wirkt heute mehr denn je als lebendiges, erfolgreiches Ergebnis ihrer gemeinsamen Bemühungen.

In diesem Haus spiegeln sich die Zusammenhänge zwischen Leopold Hoesch und den anderen großen Unternehmerfamilien der Stadt. Industrielle wie Günther Peill, Herbert Schoeller und Felix Peltzer trugen ebenfalls sehr zur Erweiterung der kostbaren Museumssammlung und zur Unterstützung der gegenwärtigen Kunst bei. Alle zwei Jahre werden zum Beispiel der Preis und zwei Stipendien der Günther-Peill-Stiftung an zeitgenössische Künstler vergeben. 2010 wurde das Gebäude durch ein modernes Bauwerk von Peter Kulka erweitert, um neue Ausstellungsflächen zu schaffen.

Im Inneren steigt die prunkvolle Doppeltreppe empor. Sie führt auf einen Podest, auf dessen Mitte ein Putto sitzt, der ein Medaillon mit dem Porträt von Leopold Hoesch in der Hand hält.

Zum Museumsprogramm gehören wechselnde Ausstellungen zur Kunst der Gegenwart und zum Thema Papier, Zeichnung und Grafik. Fantastisch ist die Installation *Lichtraum* von Otto Piene.

Im nahe gelegenen Papiermuseum Düren wird nicht nur die Geschichte der berühmten Dürener Papierindustrie wiedergegeben, sondern auch die verschiedenen Herstellungstechniken des Papiers gezeigt.

ESCHBACHSTRASSE /// 52156 MONSCHAU ///

ECHTES MONSCHAUER FLAIR
Die Fachwerkhäuser in Monschau

Am besten parkt man das Auto auf einem Parkplatz am Stadtrand und macht sich zu Fuß auf den Weg ins Zentrum. Und schon beschleicht einen das Gefühl, durch ein unsichtbares Stargate gereist zu sein. Die schmalen, labyrinthischen Gassen, die sich auf und ab durch das Tal der Rur schlängeln, bilden die mit Basalt gepflasterten Adern, die zum Herzen des Ortes fließen: zu den Monschauer Fachwerkhäusern.

Die Entstehung dieser wunderschönen Häuser ist dem katholischen Aachener Rat zu verdanken, der Ende des 16. Jahrhunderts den ungeschickten Beschluss fasste, die protestantischen Tuchmacher aus der Stadt zu entfernen. Ein Teil dieser vermögenden Händler ließ sich in Monschau nieder und kurz darauf blühten hier die Geschäfte und eine Reihe repräsentativer Häuser wurde entlang der Rur errichtet. Rot, rosa und schwarz gefärbte Balken prägen ihre weißen Fassaden. Die farbige Geometrie gleicht einem Mondrian-Gemälde. Die Gebäude drängen sich dicht aneinander, während ihre Grundmauern tief im Wasser stehen. Die Rur sprudelt fröhlich, und es ist einfach, sich kleine Boote darauf vorzustellen, ein buntes Treiben darum herum, das leider inzwischen verschwunden ist. Zwei enge Brücken laden ein, diese schmalen Häuser näher zu betrachten.

Aus dem breiten Fenster der gegenüberliegenden Bäckerei lässt sich das herrliche Panorama ganz gemütlich genießen. Morgens früh war hier nicht viel los, als wir an unserem Latte Macchiato nippten, während die nette Bäckerin sich überlegte, wie sie ihre frisch gebackenen Teigwaren in der Theke am besten auslegen sollte. Später am Tag und besonders in den Sommermonaten nimmt der Betrieb deutlich zu und das zweistöckige Haus wird von eifrigen Touristen belebt.

✆ *Lit.Eifel* findet jährlich von April bis November in unterschiedlichen und ungewöhnlichen Orten der Eifel statt, um prominente Autoren, Newcomer und Leser zusammenzubringen. www.lit-eifel.de

ROTES HAUS /// LAUFENSTRASSE 10 /// 52156 MONSCHAU ///
0 24 72 / 50 71 /// WWW.ROTES-HAUS-MONSCHAU.LVR.DE ///

MIT WOLLTUCH ZUM WOHLSTAND

Das Rote Haus in Monschau

Kennen Sie den Film *Frühstück bei Tiffany*? Audrey Hepburn betritt als Holly Golightly das vornehme Schmuckhaus *Tiffany & Co.* und ist völlig überwältigt vom eleganten Stil und dem gediegenen Lifestyle, der sich ihr dort offenbart. So ähnlich erging es uns beim Besuch im Roten Haus. Aus den lauschigen, schmalen Gässchen Monschaus kommend, entfaltete sich eine solche Großzügigkeit der Materialien und feinen Details, dass nur eines von beiden wirklich sein konnte: Dies hier oder die in Jahrhunderten verdichtete Lebensform des Eifelstädtchens im engen Tal der Rur, das wir bis vorhin so genossen hatten.

Doch gerade diese Jahrhunderte bieten die Erklärung für die Pracht, für den Gegensatz und für den Willen zu einer eleganten Zurschaustellung des Erreichten. Als Johann Heinrich Scheibler 1760 das Rote Haus errichten ließ, war er schon als Tuchmacher und Kaufmann in Wollstoffen zu Wohlstand gelangt. Davon kündet auch das vielleicht bekannteste, sicher aber größte Einrichtungsstück des Hauses, die über drei Etagen reichende, freitragende Wendeltreppe, in deren Eichenholz ganz bezaubernde Puttenschnitzereien die Herstellung von Wolltuch zeigen.

Den Ursprung für Scheiblers großen Erfolg findet man jedoch in unseren beiden Lieblingsstücken der Ausstellung: den Stoffmusterbüchern! So viel Eleganz, Farbgefühl und beinahe schillernde Pracht hat man in Wolle noch selten auf einem Fleck gesehen. Dafür fand Scheibler Kunden bis ans Mittelmeer und den kleinasiatischen Raum. Um auch die verwöhntesten Geschäftspartner zu überzeugen, ließ er das Rote Haus mit Elementen des Rokoko, Louis-Seize und Empire einrichten. Mobiliar und Wappenservice im Esszimmer belegen die Stilsicherheit, die optischen Illusionen des Herrenzimmers einen feinen Humor. Und so viel mehr noch gibt es hier zu entdecken!

☞ Zurück in die Gegenwart finden? Den guten Geschmack für die Zunge gibt es in Elke Kleins *Café am Roten Haus* direkt gegenüber auf der anderen Seite der Rur. www.cafe-am-roten-haus.de

HISTORISCHE SENFMÜHLE MONSCHAU /// **LAUFENSTRASSE 118** /// **52156 MONSCHAU** /// **0 24 72 / 22 45** /// **WWW.SENFMUEHLE.DE** ///

21 SHADES OF SENF

Die historische Senfmühle in Monschau

Wenn Ruth Breuer von der Anfangszeit der historischen Senfmühle erzählt, strahlen ihre Augen. Denn dieser Ort ist eng verbunden mit der Geschichte ihrer Familie. Es waren ihr Ururgroßvater Clemens August Breuer und dessen Bruder Heinrich, die 1882 die Senfherstellung in Monschau begründeten. Clemens Augusts Sohn Emil erweiterte dann das Geschäft, das heute Guido Breuer und seine Tochter Ruth in der vierten und fünften Generation erfolgreich weiterführen. Ihre Begeisterung wirkt ansteckend. Kein Wunder: Bei der Führung erlebt man die Senfherstellung mit allen Sinnen.

In der alten Mühle brummen die Motoren, die über eine Transmission die Maische rühren und zwei imposante, schwarze Lavasteine drehen. Durch die traditionelle Herstellung wird die Maische auf kaltem Wege vermahlen. Damit entfalten und bewahren sich die ätherischen Öle, die diesen Senf so cremig und erstklassig machen. Die Mühle, deren Wände die alten Werbetafeln für den Breuer-Senf schmücken, füllt sich sofort mit dem typischen Duft nach frischem Senf. Man kann ihn direkt probieren oder sich von den 21 Sorten im kleinen Laden nebenan verführen lassen.

Jede Komposition schmeckt völlig anders. Neben dem berühmten Urrezept gibt es unerwartete Geschmacksrichtungen wie Limone, Tomaten, Ingwer-Ananas oder die neueste Kreation: den Biersenf. Ein Volltreffer! Zeigen Sie keine Hemmung, kosten und staunen Sie! Wir haben uns in das raffinierte Aroma vom »Kaffee-Sahne-Senflikör« verliebt, aber auch die Senfpralinen sind empfehlenswert. Da Senf so gesund ist, findet man ihn hier auch in Badesalzen, Körper- und Gesichtscremes.

Die jüngeren Besucher überrascht Ruth Breuer mit der von ihr entwickelten Geschichte der Senfmäuse Emil und Paulina, die spannende Abenteuer in der Senfmühle erleben!

❧   Im nahen Restaurant *Schnabuleum* kann man die Eifeler Küche mit köstlichen Senfgerichten in idyllischer Atmosphäre genießen. Das bunte Veranstaltungsprogramm ist eine echte Entdeckung!

BONBONMACHER ANNO 1900 /// HARTMUT GERHARDS ///
AUF DER BEVER 3 /// 52152 SIMMERATH ///
02473 / 909355 (ANMELDUNG ERFORDERLICH) ///
WWW.BONBONMACHER.DE. ///

KLEINE BONBONS, GROSSE AUGEN

Der Bonbonmacher Anno 1900 in Simmerath

Es ist mehr als ein Beruf, für Hartmut Gerhards ist es eine Berufung. Vor knapp 30 Jahren packte ihn die Leidenschaft für die Bonbonherstellung, die zuvor schon seinen Großvater erfasst hatte. Dass die Tradition für ihn wichtig ist, erkennt man sofort beim Besuch seiner Manufaktur: Seine alten Gerätschaften stammen aus den Jahren um 1900, wenn nicht sogar davor. Es ist eine echte Handarbeit, die solides Wissen, langjährige Erfahrung, ein gutes Rezept und grenzenlose Kreativität braucht. Das Ergebnis ist ein schmackhaftes Erlebnis!

Die Rezepte entwickelt der »Bonbonkönig« selbst, und jedes Jahr wird eine neue Kreation gefeiert. Für seine köstlichen Bonbons verwendet er ausschließlich natürliche Aromen, keine Farb- und Konservierungsstoffe. Das Geheimnis der Rezepte ist eine Mischung aus destillierten Extrakten, Fruchtmark und ätherischen Ölen. Deshalb lassen sich die Bonbons sorglos mit allen Sinnen genießen: Die erfrischende Zitrone birgt in sich die Wärme der sommerlichen Sonne. Der Lavendel versetzt uns in die Provence, schmilzt im Mund und fühlt sich beim Schlucken wie Balsam für den Hals an. Die Himbeere glänzt wie ein kostbarer Rubin und schmeckt so gut, dass man sich eine ganze Handvoll davon wünscht. Eine Sorte ist sogar der Eifel gewidmet: die *Eifel-Brocken*, kernige, schwarze Tropfen mit einer kräftigen Note – eine unverzichtbare Stärkung beim Wandern.

Während der Führung werden alle Schritte der Bonbonzubereitung in der Manufaktur gezeigt. Die jüngeren Besucher dürfen oft mithelfen, zum Beispiel bei der Bereitung der Eichhörnchenlutscher. Sie werden auch gerne als »Tester« herangezogen. Es ist eine Freude zu sehen, wie sie bei der Verkostung große Augen kriegen, vorsichtig schmecken, glücklich nicken ... und die Hand ausstrecken, um mehr zu bekommen.

🍬 Für große Geburtstagsfeiern und Firmenevents kann man den Bonbonkönig einladen. Er arbeitet dann direkt vor Ort in seiner mobilen »Bonbonküche«, um die Gäste mit seinen Kreationen zu begeistern.

**WASSERKRAFTWERK HEIMBACH /// KLEESTRASSE ///
52396 HEIMBACH /// 02 01 / 1 21 48 61 ///
WWW.HEIMBACH-EIFEL.DE/GO/TOURISMUS-SEHENSWUERDIGKEITEN-
DETAILS/9_KRAFTWERK_HEIMBACH.HTML ///**

WIE AUS EINEM ROMAN VON SCOTT FITZGERALD

Das Wasserkraftwerk in Heimbach

Wir erreichen das Wasserkraftwerk am frühen Morgen. Dichte, bläuliche Nebelbänke wogen über dem klaren Wasser der Urft, deren munteres Plätschern sich mit dem Gezwitscher der Vögel mischt. Vor uns ragen mächtige Kiefern steil auf. Sie bilden eine dunkle Wand, vor der sich das helle Gebäude des Kraftwerks abhebt, wie ein blasser Tupfen inmitten einer idyllischen Landschaft des französischen Malers Camille Corot.

Der 1904 errichtete Industriebau, der die Macht der Moderne und der Technik verkörperte, wurde durch geschwungene und gewellte Elemente in Einklang mit der grünen Umgebung gebracht. Diese Harmonie beeindruckt den Betrachter noch heute, mehr als hundert Jahre später. Wellenlinien an den Seiten des Gebäudes stellen das Wasser-Element dar, das sich durch die auf der Fassade als Relief abgebildete Turbine in elektrische Energie verwandelt, hier symbolisiert als weit hinausreichende, radiale Blitze.

Im Heimbacher Wasserkraftwerk dienen organische, florale Formen, wie es im Jugendstil üblich ist, als Vorlage für symbolische Muster. Markant treten diese an den Außenverzierungen der Türme, der Säulen und der Tore hervor. Im Inneren erinnern Fenster und Türen an riesige Glühbirnen, während die fein geschmückten Lampen und die mit einem Mäanderband aus grünen, dunklen und hellen Kacheln verzierte Wand das Flair eines Cafés aus den 1920ern wiedergeben.

Einmal im Jahr schweigen die summenden Turbinen und überlassen die akustische Bühne einer einwöchigen Serie erstklassiger Musikkonzerte. Man sollte diese Gelegenheit nicht versäumen, denn die Atmosphäre der Goldenen Zwanziger, kombiniert mit der Musik, ist einfach fabelhaft.

Der mehr technisch Interessierte kann an den regelmäßigen Führungen durch die historische und moderne Elektrotechnik teilnehmen. Es gibt viel zu entdecken!

✐ Im 3 km entfernten *Wasser Info Zentrum Eifel* lässt sich die Unterwasserwelt in Groß-Aquarien entdecken. www.wasser-info-zentrum-eifel.de

ANLEGE- UND HALTESTELLE STAUDAMM SCHWAMMENAUEL ///
SCHWAMMENAUEL 1 /// 52396 HEIMBACH ///
N 50,63942°; O 6,44069° /// 02446 / 479 ///
WWW.RURSEESCHIFFFAHRT.DE ///

AHOI! WILLKOMMEN AN BORD!
Die Rursee-Schifffahrt ab Schwammenauel

Im Herzen des Nationalparks Eifel machen mehr als 200.000 Passagiere jedes Jahr zwischen April und Oktober eine nautische Entdeckung: die Rursee-Schifffahrt. Wir sind auch dabei und beginnen unsere Reise in Schwammenauel, nachdem wir das Auto auf einem der drei großen Parkplätze gegenüber der Anlegestelle geparkt haben. An Bord besuchen wir den freundlichen Kapitän, der uns gerne sein Schiff in Zahlen vorstellt: 37 Meter lang, sieben Meter breit, drei Decks und Platz für 490 Gäste. Höchst beeindruckend! In wenigen Minuten erreichen wir Eschauel. Viele Gäste steigen aus, um den Tag am Badestrand mit Familie und Freunden zu verbringen. Am Kermeterufer kehren einige Wanderer auf das Schiff zurück, während andere – gestärkt von den köstlichen Kuchen an Bord – es verlassen und zu Fuß oder mit dem Fahrrad auf Entdeckungsreise durch den Nationalpark gehen. Viele Segel weisen darauf hin, dass Woffelsbach vor uns liegt. Von hier aus fahren wir in Richtung Rurberg weiter, wo schöne Cafés und Schwimmbäder locken. Dort angekommen, können wir entweder zurück oder noch weiter über den Obersee fahren. Dieser wunderschöne See ist schmaler und ruhiger als der Rursee, genau wie die beiden elektrisch getriebenen Schiffe, die hier fahren.

Der sogenannte Amazonas der Eifel stellt sich uns in prächtigen Farben vor.

Nach 30 Minuten ist Einruhr in Sicht, auch ein beliebtes Wanderziel. Kurz darauf bestaunen wir die mehr als hundert Jahre alte Urfttalsperre, die Obersee und Urftsee trennt. Von hier aus gibt es zahlreiche Entdeckungsmöglichkeiten. Wer will, kann bei Vogelsang das Besucherzentrum vogelsang ip besichtigen.

Zurück in Schwammenauel steigen wir in die Rurseebahn und entdecken für die nächsten 45 Minuten malerische Orte, Berge und Täler.

Auf dieser Reise ist sicher für jeden etwas dabei!

   ⌕   Direkt am Ufer des Rursees können sich die Gäste im Hotel Der Seehof auf der Terrasse mit Panoramablick, im Restaurant oder im Wellnessbereich herrlich entspannen.

INTERNATIONALE KUNSTAKADEMIE HEIMBACH/EIFEL E.V. ///
HENGEBACHSTRASSE 48 /// 52396 HEIMBACH ///
0 24 46 / 80 97 00 /// WWW.KUNSTAKADEMIE-HEIMBACH.DE ///

RAUM UND ZEIT FÜR DIE KUNST

Die Internationale Kunstakademie Heimbach/Eifel

Eine der ältesten Burgen der Eifel als Atelierhaus? Das klingt verlockend! 2009 wurde die *Internationale Kunstakademie Heimbach/ Eifel* eröffnet. Es herrscht eine wunderbare Atmosphäre, sobald man über die Schwelle der mächtigen Burg tritt, die vollständig restauriert und mit hellen Räumlichkeiten und Panoramaaufzügen ausgestattet ist. Hier finden ganzjährig erstklassige Kunstkurse statt.

Das Wort »international« ist keine Übertreibung, weil die hochqualifizierten Dozenten aus der ganzen Welt stammen, zum Beispiel aus Argentinien, Brasilien, China, Indonesien, Israel, Mexiko und sogar Kuba. Darunter befinden sich Prominente wie Markus Lüpertz und Milan Sládek. Aber auch viele Kursteilnehmer kommen von weit her. Deshalb arbeitet die Kunstakademie mit örtlichen Partnerbetrieben zusammen, die den Studierenden anständige und rabattierte Unterkünfte bieten.

Das Kursprogramm umfasst zahlreiche Kunstgattungen. Neben Klassikern wie Malerei und Skulptur gibt es auch neue Ausdrucksformen wie Videokunst oder Performance zu entdecken. Spezielle Öfen für Keramikkurse, Pressen und Geräte für Druckgrafik und eine Dunkelkammer für Fotografie-Workshops stehen bereit.

Am Ende jedes Kurses wird ein Werk jedes Teilnehmers ausgewählt und für einen Monat in der Werkschau der Akademie ausgestellt. Bei der Vernissage feiern Künstler, Publikum und Presse gemeinsam im großen Stil. Ein Höhepunkt ist die *Sommerakademie*, die ein kompaktes sechstägiges Programm von morgens bis abends anbietet. Speziell an die Jüngeren wendet sich die *Kunstakademie für junge Leute*, in der sie sich vormittags der Kunst widmen und nachmittags das Abenteuer bei spannenden Outdoor-Aktivitäten fortsetzen.

In Heimbach kann man tatsächlich das eigene Talent in einer traumhaften Umgebung weiterentwickeln!

🖎 *Kunst im Busch* ist ein bemerkenswerter, circa 1,6 km langer Kunstpfad in Heimbach. Skulpturen, Plastiken und Installationen renommierter Künstler sind in der Natur zu entdecken. www.kunstimbusch.info

AUF DEM WASSER WANDERN
Eine Kajakfahrt auf der Rur ab Heimbach

Heute Morgen folgten wir den präzisen Anreisehinweisen von Kanu Petry und parkten unser Auto in Zerkall, wo wir die Rurtalbahn nahmen. Kurz darauf erreichten wir Heimbach. Der Treffpunkt am Fluss ist wenige Meter vom Bahnhof entfernt. Hier beginnt unsere Kajakfahrt auf der Rur.

Auf einer grünen Wiese liegen schon die Boote parat: Rot, blau, grün, was für ein toller Anblick! Die meisten Teilnehmer werden wie wir in Doppelkajaks fahren. Noch auf dem Trockenen weist unser erfahrener Kanuguide uns darin ein, was ein Bogenschlag vorwärts oder rückwärts ist, wie man in ein Boot einsteigt und was man machen soll, falls ein Boot kentert. Nun sitzen wir im Kajak für die Trockenübung auf der Wiese und wiederholen das Ganze. Das ist extrem hilfreich, um sich mit dem Paddeln vertraut zu machen. Kopfbedeckung und Sonnencreme sind auch wichtig, weil das Wasser stark reflektiert. Wir legen die Schwimmwesten an und … los geht es!

Wir paddeln flussabwärts und merken schnell, dass der Fluss kein stehendes Gewässer ist. Das macht Spaß! An vielen abgenagten Bäumen erkennen wir, wo der Biber gearbeitet hat. Im Fluss liegt viel Totholz, das nicht weggeräumt werden darf, weil hier alles unter Naturschutz steht. Wir müssen aufpassen, um den Stämmen rechtzeitig auszuweichen. Die Ufer rechts und links sind zum Teil bewaldet. Die Atmosphäre ist fantastisch! Die erste Strecke führt bis nach Blens, wo wir eine kurze Pause einlegen. Eine schöne Klassenfahrtstimmung macht sich innerhalb der Gruppe breit, als wir Eindrücke und Ratschläge austauschen. Kurz nach Beginn des zweiten Abschnitts erhebt sich das rote Gestein der Burg Nideggen auf der rechten Seite. Höchst beeindruckend! In Zerkall, am Ziel unseres spannenden Abenteuers, legen wir schließlich wieder an und unsere Gesichter strahlen vor Freude.

✍ Nach der Fahrt kann man im Restaurant Gut Kallerbend Spezialitäten aus der Region und das herrliche Panorama genießen! www.gut-kallerbend.de

BURGENMUSEUM NIDEGGEN /// KIRCHGASSE 10 /// 52385 NIDEGGEN ///
0 24 27 / 63 40 /// WWW.BURGENMUSEUM-NIDEGGEN.DE ///

WELCHE SPUREN FÜHREN ZU UNS?

Das Burgenmuseum in Nideggen

Von der Wehrplattform der Burg Nideggen, die noch von Festungs-
mauern eingefasst ist, genießt man einen herrlichen Blick auf das Rurtal.

Den ältesten Teil dieser gewaltigen Anlage – den mächtigen
Bergfried mit seinen gefürchteten Kerkern – ließ Graf Wilhelm von
Jülich 1177 errichten.

In jener stürmischen Zeit waren Schlachten an der Tagesordnung, um ein Gebiet zu verteidigen oder neue zu erobern. Graf Wilhelm und seine Nachfolger kämpften fast 200 Jahre gegen das Kölner
Erzbistum. Es kam so weit, dass sogar zwei Bischöfe im Burgverlies
landeten.

Das Gefängnis und die schöne nahe gelegene Kapelle, zusammen mit den damaligen Wohnräumen des Burgherrn und dem Ge-
richtssaal, sind heute Bestandteil des Burgenmuseums. Die erfahrenen
Mitarbeiter des Museums stellen in lebendiger und unterhaltsamer
Weise die Geschichte des Hochmittelalters bis zur Renaissance dar.
Anhand originaler Gegenstände, hilfreicher Erklärungen und bunter
Dioramen lässt sich gut nachvollziehen, wie das Leben der Menschen
damals strukturiert und organisiert war, was sie aßen, welche Kleider
sie trugen, welche Arbeiten sie verrichten mussten und welche Spiele
ihnen in ihrer wenigen freien Zeit zur Unterhaltung dienten. Und
schnell merkt man, dass viele Erfindungen und Bräuche, die uns täglich begleiten, aus dieser »dunklen« Zeit stammen. Man freut sich zu
entdecken, welche positiven Spuren zu uns führen.

Um das Ganze noch echter wirken zu lassen, gibt es eine Um-
kleideecke, in der die Besucher – unabhängig von Alter und Größe – in »mittelalterliche« Kleider hineinschlüpfen können. So wundert sich niemand, wenn Knappen, Mägde, Ritter oder Prinzessinnen
außerhalb der Karnevalszeit durch das Museum laufen. Das Museum
ist auch als Ort für Geburtstagsfeiern besonders beliebt.

⚜ Das Museum veranstaltet regelmäßig umfangreiche Workshops
und Vorträge, um Kräuter und Küche, Wappen und Waffen,
Spiele und Späße des Mittelalters zu entdecken.

**RÖMERTHERMEN ZÜLPICH – MUSEUM DER BADEKULTUR ///
ANDREAS-BROICHER-PLATZ 1 (EHEMALS MÜHLENBERG) ///
53909 ZÜLPICH /// 0 22 52 / 83 80 61 00 ///
WWW.ROEMERTHERMEN-ZUELPICH.DE ///**

DER DUFT DER JAHRHUNDERTE

Die Römerthermen und das Museum der Badekultur
in Zülpich

Wie wichtig war die Körperreinigung für den mächtigen Julius Cäsar? Und wie sehr scheute man sich davor am Hof von Marie Antoinette? Waren die Menschen im Mittelalter tatsächlich dreckig? Antworten darauf liefert das einzigartige Museum der Badekultur, das die Besucher auf einer spannenden Reise durch die Geschichte des Badens vom Alten Ägypten bis in die Gegenwart begleitet.

Beeindruckend wirken die imposanten Römerthermen im Erdgeschoss, die fast 2.000 Jahre alt sind. Vortreffliche Exponate und mehrere Videos erläutern anhand von Objekten, Düften und Bildern die besondere Rolle der Thermen für die Römer als Ort der Körperpflege, der Entspannung, aber auch der Möglichkeit, wichtige soziale Kontakte zu knüpfen.

In der ersten Etage geht die Entdeckungsreise in die Welt des Wassers weiter. Hier wird deutlich, dass die Art und Weise des menschlichen Badens abhängig von der Wasserversorgung ist. Als das System der Kanalisation im Mittelalter wieder außer Gebrauch kam, schlossen die kostspieligen Marmorthermen. Kleinere Badewannen aus Holz dienten nun der Körperreinigung. Wie schon zuvor speiste der Badende, trank und plauderte. Seien es schlichte Badewannen aus dem 12. Jahrhundert oder prachtvolle Badekabinette 600 Jahre später, das Wasser blieb ein positives Element der menschlichen Geselligkeit in jeder Epoche. In diesem Museum lernt man auch, damit verantwortungsvoll umzugehen im Sinne des Naturschutzes.

Auf Kinder warten tolle Überraschungen. Sie bekommen ein Rätselheft, um die Geheimnisse der Thermen zu lüften, und können sich in antiken römischen Brettspielen versuchen. Wer möchte, kann sich in den Kulissen glanzvoller Badeorte fotografieren lassen, um seine Grüße auf einer Postkarte nach Hause zu schicken.

✍ Das Museum organisiert spannende Workshops, in denen die Teilnehmer Seifen, Farben und Kerzen produzieren sowie alles über die Schminktechnik der Römerinnen und die mittelalterliche Küche erfahren.

KAFFEE SIECHHAUS /// AN DER B 265 ///
53909 ZÜLPICH-RÖVENICH ///
0 22 52 / 8 30 99 20 /// WWW.SIECHHAUS.DE ///

EINFACHHEIT MACHT GLÜCKLICH!

Das Kaffee Siechhaus in Zülpich-Rövenich

Das *Kaffee Siechhaus* befindet sich an der Kreuzung jahrhundertealter Geschichten, auf der Römerstraße Köln-Trier und der Heerstraße Aachen-Frankfurt, die die Pilger im Mittelalter zum Aachener Dom und sogar nach Santiago brachten.

1486 gründete Elisabeth von Brohl, Frau des Wilhelm von Vlatten und Herrn zu Dreiborn, an dieser Stelle vor dem Ortsrand eine Siechensiedlung aus sechs Häusern, einem Hospital und einer Kapelle, wo die Siechkranken lebten und versorgt wurden. Als im 18. Jahrhundert die Ära der Seuchen zu Ende ging, wurde die kleine Siedlung mit Ausnahme der Kapelle abgerissen. Neben dieser ist später ein schlichtes Gebäude entstanden, das die Familie Esser seit einigen Jahren mit Elan und Erfolg wiederbelebt hat.

Das *Kaffee Siechhaus* ist ein Juwel der Vielfalt unter dem Motto »regional und gesund«. Sonntags werden selbstgebackene Brotsorten mit Honig aus eigener Imkerei und köstlichen hausgemachten Marmeladen und Säften zusammen mit Lebensmitteln aus der Umgebung serviert. Die zarten Kartoffeln kommen vom Nachbaracker und das Wildschwein wird im nahen Wald gejagt. Die Wirtin kennt jeden Bauern persönlich und erklärt mit Freude die Herkunft jeder Zutat. Alles kommt frisch vom Feld, weshalb sich die Speisekarte der Erntezeit anpasst.

Über dem Café bieten vier Gästezimmer eine gemütliche und authentische Unterkunft im Stil der 1960er Jahre. Der Hofladen mit einem umfangreichen Angebot an regionalen und hausgemachten Lebensmitteln ist täglich geöffnet. Auf dem großen Innenhof finden regelmäßig Kabarett- und Musikveranstaltungen statt. Je nach Saison wird hier auch Obst aus der Nachbarschaft gesammelt, um Saft zu pressen. Im Herbst riecht man den verführerischen Duft der Äpfel bereits vom Parkplatz aus.

Das Kaffee Siechhaus ist eine Wohltat für Gaumen und Seele!

🌿   Jedes Jahr führt am 24. Juni, dem Namenstag Johannes des Täufers, eine fröhliche Prozession von Rövenich zur im 15. Jahrhundert erbauten Siechhaus-Kapelle.

ZUCKERFABRIK PFEIFER & LANGEN GMBH & CO. KG ///
WERK EUSKIRCHEN /// BONNER STRASSE 2 /// 53879 EUSKIRCHEN ///
0 22 51 / 70 60 (ANMELDUNG ERFORDERLICH, ZUTRITT AB 14 JAHREN) ///
WWW.PFEIFER-LANGEN.COM ///

DAS SÜSSE LEBEN

Die Zuckerfabrik Pfeifer & Langen in Euskirchen

Ab Mitte September liegt eine erdige Süße in der Luft: Die Zuckerrübenkampagne hat begonnen und die Zuckerfabrik Pfeifer & Langen in Euskirchen öffnet ihre Tore für Besucher.

Wir haben die Gelegenheit sofort ergriffen und sind am vereinbarten Tag in sportlichen Kleidern und festem Schuhwerk erschienen, um die Fabrik von innen zu erleben!

Unser erfahrener Tourbegleiter erklärt uns, dass diese Fabrik schon 1879 gegründet wurde, und tatsächlich entdecken wir neben den modernen glänzenden Silos das altehrwürdige Backsteingebäude.

In dem Film, der im Empfangsraum läuft, übernehmen sie dann zum ersten Mal die Hauptrolle: die Rüben. Sie werden nach 180 Tagen geerntet, dann wiegen sie fast ein Kilogramm. Zuckerrüben sind sehr anspruchsvoll, was den Boden und das Klima betrifft. Sie bevorzugen mineralienreiche Erde, warmes Wetter und viel Regen. Deshalb ist dieser Teil des Rheinlands zwischen Köln und Koblenz ein so ideales Rübenanbaugebiet. Ein mächtiger Wasserstrahl spült die frisch gelieferten Zuckerrüben vom LKW. Das spritzt und sprüht und macht Spaß! So beginnt schwungvoll die Verarbeitung von bis zu 10.000 Tonnen Rüben pro Tag. Das ist mehr als nur ein Berg.

Vor dem Frischschnitzelband dürfen wir Rübenstückchen kosten. Sie sehen aus wie Pommes frites, schmecken jedoch süß mit einer leicht erdigen Note. Nach der Wasserextraktion und Filtration gibt es auch den daraus gewonnenen Saft zu probieren. Und am Schluss dürfen wir sogar etwas Süßes mitnehmen.

Die Zuckerfabrik in Euskirchen stellt zwei Besonderheiten her: den flüssigen Zucker für Lakritzschnecken und Limonaden sowie den braunen Grümmelkandis. Das ist ein bernsteinfarbener Zucker mit leichtem Karamellgeschmack, der zwei Wochen kristallisiert und dann gebrochen wird. Ein echter Meisterzucker!

☞ Knapp zwei Kilometer von der Zuckerfabrik entfernt liegt die *Tuchfabrik Müller*. Webstühle, Spinnmaschinen und sogar eine Dampfmaschine in vollem Betrieb versetzen die Besucher in Erstaunen.

DIE KARIBIK VOR DER HAUSTÜR

Die Thermen & Badewelt in Euskirchen

Kaum habe ich einen Fuß ins *Palmenparadies* gesetzt, schon ist der lästige Alltag Schnee von gestern. Liegt es an den 500 bis zu zwölf Meter hohen exotischen Palmen, die mich umgeben? Oder an der *Blauen Lagune* mit der *Poolbar* und den einladenden fruchtigen Cocktails? Das und mehr! Es ist die leichte und entspannte Stimmung dieser weitläufigen Badeanlage, die zur Erholung einlädt. Deshalb gefällt es mir hier so gut.

Auf der wärmenden Infrarotliege entspannt sich mein ganzer Körper, und die Gedanken fliegen leicht wie bunte Schmetterlinge bis zum herrlichen Panoramadach. Bei schönem Wetter ist es sogar geöffnet, so dass man unter freiem Himmel baden kann. Heute wird das nicht möglich sein, aber ich könnte wetten, dass der trübe Wintertag sich auch wünschen würde, kurz ins warme Wasser springen zu dürfen.

Ich verlasse mich dieses Mal auf die heilenden Kräfte der Mineralien im *Selen-Zink-Becken*, um den Stress abzubauen. Neugierig beobachte ich die Gäste, die im Restaurant speisen. Mein Lieblingsplatz ist der Saunabereich, denn ich entdecke dort immer wieder etwas Neues. Zum Beispiel schwimmen in der *Koi-Sauna* diese bunten Fische im Aquarium, und ich könnte stundenlang dieses lebende Gemälde betrachten. Ich werfe auch einen kurzen Blick ins *Wiener Kaffeehaus*. Das ist ebenfalls eine Sauna mit einer Jugendstileinrichtung und verführerischen Aromen von Kaffee, Vanille, Marzipan und Zimt. Gegen die Erkältung hilft mir am besten die Sauna *Keltenthron* mit Düften wie Eukalyptus und Pfefferminz. Sie wird besonders von den Herren geschätzt, wahrscheinlich weil sie Spaß haben, auf dem Holzthron zu sitzen. Aber geben Sie es zu, haben Sie schon mal ein Kino besucht, das eigentlich eine Sauna ist? Kaum zu fassen, oder? Hier fühlt man sich wie im Urlaub ... 365 Tage im Jahr!

✎ Ein reizvolles Veranstaltungsprogramm erweitert das Entspannungs- und Erholungsangebot bis spät in der Nacht.

BURG SATZVEY /// AN DER BURG 3 /// 53894 MECHERNICH-SATZVEY ///
0 22 56 / 9 58 30 /// WWW.BURGSATZVEY.DE ///

EIN ADLIGES ZUHAUSE

Die Wasserburg Satzvey in Mechernich-Satzvey

Die Wasserburg Satzvey gilt zu Recht als eine der schönsten und besterhaltenen Burgen der Eifel. Sie wurde erstmals 1396 urkundlich erwähnt. Auf einer Mittelsäule sowie in dem inzwischen vermauerten, mittelalterlichen Portal im Kaminzimmer steht die Jahreszahl 1406, die sich auf ihren Bau bezieht. Damals war die Burg aber deutlich kleiner und sogar von zwei Wassergräben umgeben. Der vordere Graben, der sogenannte »Schwarze Weiher«, wurde 1977 zugeschüttet. Zum Glück aber spiegelt sich das beeindruckende Hauptgebäude immer noch im klaren Wasser des Hauptgrabens.

Burg Satzvey bestand ursprünglich im Wesentlichen aus einem Gewölbekeller und zwei Räumen im ersten Obergeschoss, die bis zu 15 Bewohner gleichzeitig beherbergten. Die Zimmer und das große Speisezimmer sind heute im Rahmen einer Führung zu besichtigen. Dieser Spaziergang ist zugleich eine Reise in die Vergangenheit der Familie Beissel von Gymnich, eines der ältesten Adelsgeschlechter des Rheinlandes. In ihrem Besitz befindet sich die Burg seit über 300 Jahren. Im Terrassenzimmer heißt das Porträt von Gabrielle Alida Josephine Charlotte Freifrau von Schrader, der Urgroßmutter des heutigen Freiherren, die Besucher willkommen. Sie war Hofdame am kaiserlichen Hof und erhielt das Bild als Geschenk von Kaiser Wilhelm II.

In einem Dutzend Zimmern der Burg und des Gutshofes kann man sogar übernachten. Jedes Zimmer in der Beletage der Burg ist nach einem Mitglied der Familie Beissel von Gymnich benannt, das darin auch tatsächlich gewohnt hat. Gut gefüllte Bücherregale, mit Samt bezogene Sessel und seidene Bettdecken gehören zu der einzigartigen Einrichtung.

Ein buntes Programm von historischen Veranstaltungen, Konzerten und Konferenzen findet das ganze Jahr über in der Burg und auf ihrer Wiese statt.

Im Burghof wartet die *Brasserie Burg Satzvey* von Spitzenkoch Charly Frings. Hier genießt man köstliche Gerichte, wie *Himmel un Äd* mit Äpfeln karamellisiert in Calvados. Exquisit! www.eifelkueche.de

LVR-FREILICHTMUSEUM KOMMERN /// EICKSER STRASSE ///
53894 MECHERNICH-KOMMERN /// 0 24 43 / 9 98 00 ///
WWW.KOMMERN.LVR.DE ///

WIE LEBTEN DIE RHEINLÄNDER?

Das LVR-Freilichtmuseum in Kommern

19

Im 1958 gegründeten, einzigartigen Freilichtmuseum schlendert der Besucher über gestampfte Wege und grüne Wiesen auf einem rund 95 Hektar großen Gelände, das zirka 65 Fachwerkhäuser, Mühlen, Bauernhöfe und vieles mehr beherbergt.

Die historischen Gebäude veranschaulichen die fünf Baugruppen des Rheinlands: die Eifel, den Westerwald, den Niederrhein, das Bergische Land und den Marktplatz Rheinland. Der erstaunlich gute Zustand der Häuser könnte den Eindruck erwecken, es handle sich um Nachbauten. Es sind jedoch teils Jahrhunderte alte Originale, die in minuziöser Arbeit wiedererrichtet wurden. Während diese Praxis es einerseits ermöglicht, sogar Bauschätze aus dem 17. Jahrhundert zu retten, erlaubt sie dem Museum andererseits, die rheinländischen Bautypen, ihre Entwicklung im Lauf der Jahrhunderte und die Lebensweise der damaligen Hausbewohner und Tiere darzustellen. Dieser Punkt ist besonders wichtig, denn das Freilichtmuseum ist seit 1969 zugleich Landesmuseum für Volkskunde.

Einige Häuser werden regelmäßig von Menschen und Tieren »bewohnt«. Der Schmied in seiner Werkstatt, der Tischler in der Sägemühle oder die Bäuerin im Kräutergarten sind einige der Museumsführer, die den jüngeren und älteren Besuchern vom Leben unserer Ururgroßeltern auf dem Land erzählen. Von ihnen erfährt man auch, wie viele Wörter und Ausdrücke aus jener Zeit und von dieser Lebensweise stammen, etwa »ins Fettnäpfchen treten« oder »den Löffel abgeben«. Außerdem sind fast alle Häuser geöffnet und mit Möbeln, Utensilien, Werkzeugen und Bildern historisch getreu eingerichtet.

Das Museum wächst ständig weiter. So zeigt die Gruppe *Marktplatz Rheinland* bereits eine Bunkeranlage aus dem Zweiten Weltkrieg, Nissenhütten, Bungalows, Läden und eine Gaststätte aus den 1960er Jahren für stets neue Entdeckungen.

🍴 Nach einem ausgiebigen Spaziergang auf den Wegen des Freilichtmuseums kann man die Beine am besten im *Fellini* ausstrecken. www.kommern-fellini.de

DAS LICHT DER RENAISSANCE
Die Glasgemälde der Schlosskirche in Schleiden

20

Die Bomben des Zweiten Weltkrieges zerstörten die Burg der Grafen von Manderscheid in Schleiden. Dennoch blieb die 100 Meter entfernte Schlosskapelle verschont, die heute der Gemeinde als Pfarrkirche dient. Die unauffällige Außenansicht des Gebäudes täuscht, denn im Inneren wird ein Schatz verwahrt: zwei kostbare Glasgemälde der Frührenaissance.

Leider wurden die Namen der Künstler nicht überliefert. Aber die Stifter sind doch bekannt: Graf Dietrich IV. von Manderscheid-Schleiden und sein Vetter, der Abt Wilhelm von Manderscheid-Kail, die deshalb in den Kunstwerken porträtiert wurden.

Im Fenster auf der linken Seite wird oben die Anbetung der Könige dargestellt, während unten Christus, Maria mit dem Jesuskind und ihre Mutter Anna sofort wiederzuerkennen sind. Vor ihnen knien Graf Dietrich und seine Gemahlin Margareta von Sombreff. Nach altem Brauch wurden die Stifter von ihren Schutzpatronen begleitet, deren Symbole ihre Identität preisgeben. Der heilige Apostel Andreas trägt sein Kreuz und ihm gegenüber wehrt die heilige Margareta den Drachen mit ihrem Kreuzstab ab.

Auf der rechten Seite zeigt die obere Szene die Kreuzabnahme. Unten sind Christus, der heilige Petrus mit dem Schlüssel, der heilige Quirinus mit seinem abgeschlagenen Kopf und der heilige Remaklus mit dem Wolf abgebildet. Vor ihnen kniet von der Hand Petri gesegnet Abt Wilhelm.

Die Gesichter der Figuren sind naturalistisch, ihre Roben sind prächtig und quellen über von exquisiten Details. Jede Szene ist von einer klassischen Architektur eingerahmt mit einer prägnanten Landschaft im Hintergrund und der Silhouette der Stadt in der Ferne.

Nach der Reformation änderte sich die hohe Kunst der Glasmalerei drastisch. In Schleiden ist sie zum Glück heute noch zu bestaunen.

Im Nationalpark Eifel locken tolle Erlebnisse im barrierefreien *Natur-Erlebnisraum Wilder Kermeter* auch mobilitätseingeschränkte Besucher und Gäste mit Sinnesbehinderung. www.nationalpark-eifel.de

VOM BAUM ZUM BOGEN
Die Bogenwerkstatt in Schleiden

21

Wenn man Schreinermeister ist und drei Söhne hat, ist das Thema »Bogenbau« vorprogrammiert. Den Wunsch der Kinder nahm der Vater als Herausforderung an und so begann vor vielen Jahren die Reise von Devid Hörnchen in die Bogenwelt. Das glückliche Ergebnis nennt sich *Die Bogenwerkstatt* und ist mittlerweile für viele ein Begriff.

Als Kind habe ich die Bücher von Karl May verschlungen, und Indianer Spielen war selbstverständlich mein Lieblingsspiel. Damals hatte ich mir auch einen Superbogen gewünscht, den ich nun endlich – dreißig Jahre später – selbst bauen konnte.

Beim Bogenbauseminar erfahren wir zuerst die faszinierende Geschichte des Bogens, der schon 8.000 Jahre vor Christus in Dänemark verwendet wurde. Dann beginnt unsere Arbeit in der Werkstatt. Nacheinander ziehen alle an einem leichten Bogen, während der Bogenmeister Auszug und Zuggewicht prüft. Dadurch stellt er fest, wie stark der Bogen sein darf. Jeder Teilnehmer bekommt einen Rohling und eine Raspel ... und schon geht es los. Für die nächsten Stunden wird geschliffen, geprüft, zum Nachbarn geschielt und gelacht, und wieder geschliffen.

Der Bogenbau hat viel mit Geduld zu tun. Es ist eine ganz besondere Art, mit dem Holz umzugehen, es entwickelt sich fast ein Dialog. Am Spätnachmittag halten wir – stolz wie noch nie – unsere schießbaren Stöcke in Händen. Am zweiten Tag wird der Griff bearbeitet, damit er gut in der Hand liegt. Wir bauen sogar zwei Pfeile. Bald verspüre ich einen Nervenkitzel, denn in wenigen Minuten werden wir mit unseren Bögen im Garten schießen. Als ich den Pfeil loslasse, bin ich glücklich. Abends fahre ich mit meinem Bogen zurück nach Hause und merke, dass ich für zwei Tage an nichts anderes gedacht habe als an meinen Bogen. Ich bin in eine ganz eigene Welt eingetaucht. Das tut wirklich gut!

    Es gibt sogar einen Bogenparcours im Wald. Man lernt dort das Bogenschießen mit intuitivem Zielen. Höchst spannend und geeignet für jedes Alter und jede Erfahrungsstufe.

HELLENTHAL BUSBF NEBEN DER KÖLNER STRASSE 91 ///
53940 HELLENTHAL /// BAHN- UND BUSINITIATIVE
SCHLEIDENER TAL E.V. /// IM AUEL 46 /// 53937 SCHLEIDEN ///
0 24 45 / 80 22 (AB) /// 01 73 / 7 41 94 96 /// WWW.OLEFTALBAHN.DE ///

EIN GERETTETES DENKMAL
Meine Fahrt mit der Oleftalbahn ab Hellenthal

22

Die *Oleftalbahn* wurde 1884 eröffnet und hat seither schon mehrere Generationen begeisterter Passagiere befördert. Anfang des 20. Jahrhunderts reisten zahlreiche Touristen mit ihr, um eine Sensation zu erleben: den Bau der Urfttalsperre! Ein paar Jahre später brachte die Oleftalbahn ihre Gäste zu den ersten Skigebieten der Eifel. Die Bahn ist ein bedeutendes Zeugnis der deutschen Eisenbahngeschichte. 1981 jedoch wurde der Personenverkehr der Oleftalbahn eingestellt. Nur der Begeisterung und Zähigkeit von Gisela Neveling und einer kleinen Schar Gleichgesinnter ist es zu verdanken, dass die Oleftalbahn gerettet und 2012 sogar unter Denkmalschutz gestellt wurde.

Meine Fahrt beginnt in Hellenthal. Auf dem Weg nach Blumenthal passiert der Zug Pferdewiesen, neben denen auch Kühe gemächlich grasen. Die Tiere genießen das milde Wetter und achten kaum auf uns. Auf der rechten Seite erhasche ich einen Blick auf das alte Bahnhofsgebäude. Schon plätschert die Olef unter uns, als wir über die Brücke hinweg Oberhausen erreichen. Das reizende Stadtpanorama von Schleiden mit dem Schloss ist beeindruckend. Entlang der alten Landstraße verlangsamt der Lokführer das Tempo, während wir uns zwischen Fels und Fluss bewegen. In Olef rücken die wunderschönen Fachwerkhäuser ganz nah, bis die Bahn mitten auf dem kopfsteingepflasterten Dorfplatz hält. Das ist einmalig!

Noch ein Highlight erleben wir kurz danach, als wir plötzlich durch den Gemünder Tunnel fahren. Toll! In Gemünd kann man tatsächlich noch ein paar Villen aus der Bauzeit der Bahn sehen. Jetzt begleitet uns die Urft, bis die Reise hinter dem roten Kaller Felsen in Kall zu ihrem Ende kommt. Zum Glück habe ich eine Rückfahrtkarte. Eine besondere Freude für die Kinder: die Märchen- und die Nikolausfahrt.

ℱ Das *Projekt Rad- und Wanderbahnhöfe Nordeifel* ermöglicht es, die Region entlang der Oleftalbahnstrecke auf eigene Faust zu entdecken! www.radundwanderbahnhoefe-eifel.de

GREIFVOGELSTATION & WILDFREIGEHEGE HELLENTHAL ///
WILDFREIGEHEGE 1 /// 53940 HELLENTHAL /// 0 24 82 / 72 40 ///
WWW.GREIFVOGELSTATION-HELLENTHAL.DE ///

WO DIE ADLER FLIEGEN
Die Greifvogelstation in Hellenthal

23

In der Greifvogelstation Hellenthal ist eine Flugvorführung vor einer Schulklasse im Gange. Die Kleinen hören dem Falkner aufmerksam zu und beobachten mit aufgesperrten Mündern und Augen jede Bewegung der eleganten Vögel. Ihre Köpfe neigen sich hin und her, um den kühnen Flügen zu folgen, und tauchen schnell ab, sobald sie einen Flügelschlag in ihrer Nähe wahrnehmen. Kein Wunder, denn der sympathische Gaucho, ein Andenkondor, hat eine Spannweite von drei Metern und Emi, ein Wanderfalke, erreicht im Sturzflug eine Geschwindigkeit von über 300 km/h!

Seit mehr als 20 Jahren leitet Karl Fischer den Park und man merkt sofort, dass er dessen Herz und treibende Kraft ist. Wie der Hauptgewinn aus einem einarmigen Banditen, so sprudeln aus ihm die Erfolgszahlen der Station hervor: Auf dem 75 ha großen, hügeligen und dicht bewaldeten Gelände leben 240 Greifvögel in 56 Arten, Luchse, Wildschweine, Waschbären, Kängurus und, und, und. Da man hier viele Tiere streicheln darf, freuen sich besonders Kinder auf diese schöne Erfahrung. Das macht Spaß und entwickelt eine wichtige Beziehung zwischen Menschen und Tieren.

Ein Heer von Tierärzten betreut die Station rund um die Uhr, denn sie ist das ganze Jahr geöffnet und empfängt mehr als 100.000 begeisterte Besucher pro Jahr. Jeder Greifvogel fliegt täglich frei und kann entscheiden, ob er zurückkehren oder ein bisschen Zeit im Wald verbringen möchte. Viele Vögel, wie den Kondor Santiago, sieht man oft in Fernsehprogrammen und in der Presse. Zwei Weißkopfseeadler aus Hellenthal nahm Präsident Ronald Reagan sogar mit nach Amerika, denn der Park hält auch den größten Zuchterfolg in Gefangenschaft.

Mit dem Zug *Adler-Express* können besonders jüngere und ältere Besucher die zahlreichen Möglichkeiten des Parks bequem genießen.

🖎 Im Park kann man auch Futtertütchen kaufen, um die Tiere zu füttern.

FEUER, EISEN, HAMMER
Die Kunstschmiede Trösch in Udenbreth

24

Unter den ruhigen, gleichmäßigen Hammerschlägen von Norbert Trösch verformt sich der harte Stahl so geschmeidig und fein, als wäre er Wachs. Dabei tanzt der Schmiedehammer auf dem Amboss wie eine leichtfüßige Fee. Als ich danach den Hammer in die Hand nehme, ruckt mir sein Gewicht erstmal die Schulter nach unten. Der Kunstschmied macht einen Schritt zur Wand hinter der Esse und greift aus seinen vielen Dutzend Hämmern, Greifzangen, Bolzen und Keilen, die er alle im Laufe seines Lebens selbst geschmiedet hat, einen etwas leichteren Hammer heraus und drückt ihn mir in die Hand. Nun ist es an mir, das glühende Stück Eisen zu einem vierkantigen, spitzen Nagel zu hämmern, wie er es gezeigt hat. »Beim Schmieden soll kein Schlag unnötig sein, keiner zu viel«, erklärt er den anderen Workshopteilnehmern. Ich beginne zu zaghaft, aber wir lachen und alle lernen daraus.

Als unsere fertigen Nägel auf dem Auslegetisch liegen, wissen wir schon, dass wir nie wieder im Leben einen Nagel mit Gleichgültigkeit betrachten werden. Nicht so schlimm, dass der Nagel neben meinem Namen ein klein wenig krumm ist. Hauptsache, er hat keinen Spliss durch Schmieden in die falsche Richtung! Jetzt, da wir wissen, wie man einen Hammer richtig hält und sicher am Amboss steht, hat Norbert Trösch noch mehr mit uns vor. Fünf oder sechs verschiedene Stücke wird jeder von uns am Ende des Workshops selbst geschmiedet haben, die ganz Mutigen sogar eine schöne Messerklinge. Ach ja, die Messer! In der Pause verschwindet der Kunstschmied kurz und kommt mit zwei Handvoll seiner Messer zurück, bei deren Anblick uns die Spucke wegbleibt: Damastmesser, deren Klingen so geschickt und kunstvoll gefaltet sind, dass sich wunderbare, glitzernde, geometrische Muster daraus ergeben! Meisterschaft in bis zu 400 Lagen!

⚐ Wem es an Esse und Amboss warm geworden ist, der kann sich im Winter in Udenbreth am *Weißen Stein* beim Skifahren oder Rodeln (mit Schleppliften) abkühlen.

SALVATORIANERKLOSTER STEINFELD ///
HERMANN-JOSEF-STRASSE 4 /// 53925 KALL-STEINFELD ///
0 24 41 / 88 90 /// WWW.KLOSTER-STEINFELD.DE ///

EIN KLOSTER MITTEN IM LEBEN

Das Salvatorianerkloster Steinfeld in Kall-Steinfeld

25

Norbert von Xanten gründete 1120 in Prémontré den Orden der Prämonstratenser. Anders als die meisten zeitgenössischen Mönchsorden kombinierten diese Priester das kontemplative Klosterleben mit der Seelsorge.

1126 schlossen sich die Chorherren von Steinfeld dem Prämonstratenserorden an. Damit etablierte sich in Steinfeld das erste Kloster dieses Ordens außerhalb Frankreichs. Die Prämonstratenser blieben in dem Kloster, das 1184 als Abtei anerkannt wurde, bis zur französischen Säkularisation. 1802 wurde die Abtei aufgelöst und ihre Schätze verkauft. 1844 kam sie dann in Besitz des preußischen Staates. 1923 übernahmen die Salvatorianer Kloster Steinfeld und erweckten es zu neuem Leben.

Steinfeld ist ein Kloster der Superlative. Die gesamte Geschossfläche misst 27.000 Quadratmeter. Die Besucher betreten die Anlage durch das Klostertor und merken, wie der stressige Alltag von ihnen abfällt. Hier wirken sowohl die Stille, als auch die 1,7 Meter dicken Mauern, die das ganze Kloster umgeben und beschützen. Im Inneren befinden sich 120 Zimmer mit 200 Betten. Die 64 frisch renovierten Zimmer im Gästehaus mit Eichenholzboden und großen Fenstern bieten den gediegenen Komfort eines Sternehotels.

Hierher kommen Gäste für Seminare, Tagesveranstaltungen, aber auch weil sie bloß eine Pause brauchen. Vom meditativen Bogenschießen bis zum Bridge oder Tai-Chi bietet die *Akademie Kloster Steinfeld* zahlreiche Seminare an.

Ein Highlight bleibt die Kirche, in der sich romanische, gotische und barocke Elemente treffen. Im Mittelschiff steht der Marmorsarkophag des heiligen Hermann-Josef, dem viele Besucher Äpfel opfern.

Im Kreuzgang glänzt die einzige übriggebliebene Glasmalerei des Klosters, ein echtes Meisterwerk aus dem 16. Jahrhundert.

✎ Steinfeld ist auch Etappenziel auf Wanderwegen nach Gemünd und Blankenheim. www.wanderwege-nrw.de

HAUS DER FOSSILIEN /// BAHNHOFSTRASSE 50 ///
53947 NETTERSHEIM /// 0 24 86 / 12 46 ///
WWW.NATURZENTRUM-EIFEL.DE/AKTIV-DRINNEN/
HAUS-DER-FOSSILIEN.HTML ///

AUF FOSSILIENJAGD!

Das Haus der Fossilien in Nettersheim

26

Vor 380 Millionen Jahren bestand die Eifel aus bunten und prächtigen Korallenriffen, denn das spätere Deutschland lag damals fast am Äquator, ungefähr dort, wo heute Namibia zu finden ist. Es war die geologische Epoche des Mitteldevon, dessen rote und fossilienreiche Erde heute die Landschaft rund um Nettersheim prägt.

Im Haus der Fossilien lassen sich herrliche Fossilien entdecken, wie die feingliedrigen Seelilien oder die zauberhaften Pantoffelkorallen, die wie aus einer Geschichte von Max und Moritz oder einem Märchen aus 1001 Nacht zu stammen scheinen. Man staunt über die verblüffende Ähnlichkeit mancher Tier- und Pflanzengruppen der Devon-Zeit zu den Arten, die heute noch die Erde bevölkern. Haben sich denn einige Wesen in Millionen Jahren wirklich kaum verändert? Tatsächlich gleichen sich zum Beispiel eine vier Jahre alte Steinkoralle aus dem farbenfrohen Aquarium des benachbarten Naturzentrums und eine 380 Millionen Jahre alte, in Nettersheim gefundene Versteinerung einer Bödenkoralle wie ein Ei dem anderen.

Aber im Museum kann man nicht nur staunen, sondern auch mitmachen. Auf dem nahe gelegenen Fossilienacker können Fossilien gesucht und gesammelt werden. Nach Vereinbarung dürfen Gruppen sogar die Funde im Museumslabor sägen, schleifen und polieren. Das ist wirklich ein Erlebnis!

Das Angebot für Neugierige und Entdecker ist so vielseitig und abwechslungsreich, dass ein Tag vielleicht gar nicht ausreicht. Deshalb gibt es im Naturzentrum zahlreiche Übernachtungsmöglichkeiten für wenig Geld, wie das Bauernhaus und die römische Taverne für Familien, das Jugendgästehaus, den Jugendzeltplatz, das Eifelhaus für Gruppen sowie den nahe gelegenen Wohnmobilhafen.

Und jetzt Schaufel einpacken und los!

🐚 Das Naturzentrum bietet neben dem lebenden Korallenriff auch einen Kräutergarten, ein lebendes Bienenvolk und Ausstellungen zum römischen Alltagsleben, zur Energiegewinnung und Nachhaltigkeit.

NATURZENTRUM EIFEL /// URFTSTRASSE 2 – 4 /// 53947 NETTERSHEIM ///
0 24 86 / 12 46 /// WWW.ROEMERKANAL-WANDERWEG.DE ///

DAS WASSER VON KÖLLE

Der Römerkanal-Wanderweg von Nettersheim nach Köln

27

Wohlbekannt ist die leidenschaftliche Beziehung der antiken Römer zum Wasser, die oft an Besessenheit grenzte. Sobald eine neue Stadt fürs Imperium erobert worden war, fingen die Sandalen tragenden Herrscher an, sie mit Brunnen, Kanälen und Badeanlagen auszustatten. So kam es, dass den Römern in Köln das Wasser aus der Sötenicher Kalkmulde besser schmeckte als das ihrer Quellen vor Ort. Das war ein Problem. Denn die Provinzhauptstadt konnte selbstverständlich nicht verlegt werden, dennoch waren die Kölner fest entschlossen, nicht auf das schmackhafte kalkhaltige Wasser zu verzichten! Was nun?

Die Lösung erscheint vielleicht übertrieben und ein bisschen pompös, aber sie ist eine der bedeutendsten technischen Leistungen der Römer nördlich der Alpen: eine stolze 95 Kilometer lange Wasserleitung durch die Eifel von Nettersheim nach Köln!

In Nettersheim befindet sich ihr Ausgangspunkt und die erste der sieben Stationen des Römerkanal-Wanderwegs: die Brunnenstube der *Grüne Pütz*.

So ein Bauwerk und das wertvolle Wasser musste man aber schützen. Was könnte die bösen Geister besser fernhalten als Medusa, das Ungeheuer mit Schlangenhaaren, dessen Anblick jedermann zu Stein erstarren ließ? Deshalb wurden zwei Medusen-Häupter in die Ecksteine des Brunnens gemeißelt. Man kann sie noch heute auf dem rekonstruierten Steinbecken sehen.

Der Römerkanal-Wanderweg ist mit einem Symbol gut ausgeschildert, das einen stilisierten Kanal darstellt. Außerdem befinden sich entlang des Wegs einige Tafeln mit nützlichen Informationen und eine ganze Reihe von wanderfreundlichen Speiselokalen und Unterkunftsbetrieben, die für gute Laune, eine erholsame Pause und einen vollen Bauch sorgen.

Vom 1. bis 3. Jahrhundert wurde Köln täglich mit 20.000 Kubikmetern Trinkwasser versorgt. Na dann … prost!

   Die fleißigen Wanderer, die den Römerkanal-Wanderweg erfolgreich beendet haben, werden mit einer Urkunde belohnt. Bevor es losgeht, sollte man nach dem offiziellen WanderPass fragen.

KULT UM DREI DAMEN

Das Matronenheiligtum in Nettersheim

28

Vom Naturzentrum Nettersheim aus laufe ich den Weg entlang der Bahnlinie durch das Urfttal in südlicher Richtung am Wohnmobilhafen vorbei, bis mir nach 800 Metern ein Wegweiser zum Matronenheiligtum die Abzweigung nach rechts hügelaufwärts weist. Nach 100 Metern erreiche ich auf der Anhöhe einen kleinen Schotterplatz mit einer doppelten Weggabelung und folge dem Kinderwagensymbol auf einem gut ausgebauten Weg halb rechts. Der Blick weitet sich über die Wiesen des sanft geschwungenen, einsamen Tals. Nach weiteren 250 Metern erreiche ich mein Ziel auf der rechten Seite.

Hier also wurden seit ungefähr 70 nach Christus Brandopfer dargebracht, zunächst in einer einfachen Erdanlage, ab etwa dem Jahr 150 in einem fest gemauerten und mit roten Ziegeln überdachten Heiligtum. Die hier gefundenen Weihesteine zeigen drei Frauen auf einer Bank mit Körben auf dem Schoß: die Aufanischen Matronen. Ihre Verehrung geht auf keltische, germanische und römische Kultvorstellungen zurück.

Die Fundstelle bei Nettersheim wurde 1910 der Öffentlichkeit zugänglich gemacht. Sie weist Ähnlichkeiten mit anderen Fundstellen in der Eifel und unter dem Bonner Münster auf. Da dieser einheimische Matronenkult nicht römischen Ursprungs ist und es kaum schriftliche Quellen dazu gibt, bleibt fast so viel Raum für Vermutungen, wie das Urfttal lang und breit ist. Dabei war dieses Tal keineswegs immer so abgelegen, wie es der heutige Blick über die reizvolle Landschaft glauben lässt. Archäologische Grabungen der letzten Jahre förderten immer wieder Siedlungstätigkeit und Nutzbauten aus den Zeiten der Römer ans Tageslicht. Die Teilrekonstruktion des Heiligtums und die aufgestellten Kopien der Weihesteine sind also ein guter Anlass, um sich in der Vorstellung auf eine Zeitreise von 2.000 Jahren zu begeben.

✍ Das Matronenheiligtum ist Teil des Archäologischen Landschaftsparks, der noch viele weitere Entdeckungen bietet. Zeit mitbringen und sich im Naturzentrum informieren!

ASTROPEILER STOCKERT E.V. /// ASTROPEILER STOCKERT 2 – 4 ///
53902 BAD MÜNSTEREIFEL /// N 50,569417°; O 6,7220° ///
WWW.ASTROPEILER.DE, ÖFFNUNGSZEITEN BEACHTEN ///

WIRBEL IN DER MILCHSTRASSE

Der Astropeiler Stockert

29

Schon zehn Jahre bevor im Fernsehen das Raumschiff Enterprise auf der Suche nach Abenteuern zum allerersten Mal in die Tiefen des Weltraums aufbrach, lauschte die junge Bundesrepublik auf elektromagnetischen Frequenzen genau dorthin: ins Weltall! Bei seiner Einweihung im Jahr 1956 war der Astropeiler Stockert mit seiner 25 Meter großen Parabolschüssel nicht nur das größte vollbewegliche, sondern auch das genaueste Radioteleskop. Eines der großen Forschungsziele auf dem Stockert galt dem interstellaren Wasserstoff.

Neben der astronomischen gab es in den ersten Jahren auch eine streng geheime militärische Forschungsgruppe, die in einem eigenen Raum des achteckigen Pyramidengebäudes untergebracht war und sich vermutlich mit Radartechnik befasste. Unter anderem konnten die Astronomen wichtige Erkenntnisse über die Struktur unserer Milchstraße gewinnen. Die zunehmende Verbreitung der Funk- und Radartechnik machte dem Astropeiler seine Arbeit jedoch immer schwerer, weil die empfindlichen Messgeräte zunehmend gestört wurden.

In den 1990er Jahren fiel das Teleskop in einen Wissenschaftlichen Dornröschenschlaf – aus dem es ein äußerst engagierter Förderverein mit einer kaum zu glaubenden technischen Kompetenz, mit Energie und Findigkeit wieder aufgeweckt hat. So führt der Verein seit 2011 wieder radioastronomische Messungen durch, wobei er 2016 den lokal einhundertsten Pulsar nachgewiesen hat. Im Kontrollraum steht nun modernste Technik und mit gutem Grund sieht man sich als »Ready for Science«. Davon kann man sich bei einer spannenden Führung durch die Geschichte der Radioastronomie und ihrer Technik selbst überzeugen, wenn am Schluss die Signale einer Live-Messung vorgeführt werden. Captain Kirk, flieg schon mal los! Wir haben hier unten noch was zu erledigen!

✆ Zurück auf der Erde? Das Printenhaus Portz in Bad Münstereifel bietet Weichprinten und Kuchen als köstliche Gründe dafür, noch ein wenig länger diesen Planeten zu genießen. www.printenhaus-portz.de

CITY OUTLET BAD MÜNSTEREIFEL /// TRIERER STRASSE 1 ///
53902 BAD MÜNSTEREIFEL /// 0 22 53 / 3 17 00 00 ///
WWW.CITYOUTLETBADMUENSTEREIFEL.COM ///

FASHION IM FACHWERK

Das City Outlet Bad Münstereifel

30

Wer hätte nicht schon unter dem Shoppingdruck in einem gewöhnlichen Outlet gelitten, umgeben von lauter Musik, knalligen Farben, schlechten Gerüchen und gestressten Menschen? Man kommt schon nach kurzer Zeit erschöpft zurück nach Hause. Wer solche Erfahrungen kennt, wird im City Outlet Bad Münstereifel staunen.

Dieses entzückende, noch von den mittelalterlichen Stadtmauern umschlossene Städtchen beeindruckt mit seinen vielen aufwendig restaurierten Fachwerkhäusern, den schmalen und stillen Gassen, den malerischen Winkeln und dem herrlichen Blick vom Wehrgang aus. Die knapp 40 Shops des Outlets haben sich in die vorhandene Umgebung eingefügt und beleben sie nun mit geschmackvollem Stil.

Hier geht es um Shopping, aber nicht nur! Das merkt man sofort, denn es sind viele, die ganz entspannt sowohl mit Einkaufstüten als auch mit Fotoapparaten und Reiseführern umherlaufen. Die Liste der Sehenswürdigkeiten der Stadt ist lang: von der Burganlage bis zu den verschiedenen Kirchen. Es gibt sogar ein Apotheken- sowie ein Fossilien- und Mineralienmuseum.

Die Gastronomie ist sehr hochwertig und bietet neben dem klassischen Kaffee und Kuchen auch Besonderheiten an wie im *Brauhaus*, wo das Bier vor den Augen der Gäste gebraut wird, die es dann frisch aus dem Kupferkessel zapfen können.

Alle paar Wochen findet im City Outlet eine neue Veranstaltung statt: die nostalgische Kirmes, das Oldtimer-Treffen, das Straßenmusiker-Fest, die Maibaum-Parade, der Weihnachtsmarkt und für die jüngeren Besucher regelmäßige Kids Festivals.

Führungen in Kostümen sind sehr beliebt, wie die vom »Torwächter und seinem Weib«.

Man hat auch an Wanderer und Radfahrer gedacht, die unbeschwert weiterreisen möchten. Ihre Einkäufe werden direkt zu ihnen nach Hause verschickt!

🕮 In der Jesuitenkirche (Markt 9) ruht der heilige Donatus in einem Holzschrein. Außerdem stellt ein herrliches Gemälde die Gottesmutter dar, das ein Mönch nach einer Vision gemalt haben soll.

MAX-PLANCK-INSTITUT FÜR RADIOASTRONOMIE ///
RADIOOBSERVATORIUM EFFELSBERG /// MAX-PLANCK-STRASSE 28 ///
53902 BAD MÜNSTEREIFEL-EFFELSBERG /// 0 22 57 / 30 11 01 ///
WWW.MPIFR-BONN.MPG.DE/EFFELSBERG ///

PICKNICK MIT PULSAREN

Das Radioteleskop Effelsberg

31

Wie groß ist der Weltraum? Wenn man vor dem Radioteleskop Effelsberg steht, spürt man: Er muss sehr, sehr ... sehr groß sein! Dabei nähern wir uns dem Teleskop auf untypische Weise. Noch ganz herkömmlich stellen wir das Auto auf dem 800 Meter entfernten Parkplatz ab und schalten als Erstes Smartphone und Handy aus, um die empfindlichen Messungen nicht zu stören. Wir tun dies jedoch im letzten Sonnenschein des Tages, denn wir wollen genießen, wie der Sternenhimmel über dem Teleskop aufgeht.

Hangabwärts folgen wir dem gut ausgebauten, unbeleuchteten Planetenwanderweg zur Aussichtsplattform. Der Informationspavillon, in dem im Sommer dienstags bis samstags für angemeldete Gruppen spannende Vorträge gehalten werden, ist für heute längst geschlossen. Uns genügen die wohldurchdachten Informationstafeln, die wir in der einsetzenden Dämmerung mit einer Taschenlampe lesen. Es sind nur noch wenige Schritte bis zur Aussichtsplattform, die ungefähr in halber Höhe zum Teleskop in den Hang gebaut ist. Um die Oberkante der 100 Meter großen Antennenschüssel zu sehen, müssen wir den Kopf in den Nacken legen: Dieses Ultrapräzisionsinstrument ist wirklich groß!

Während der Himmel ein immer tieferes Blau annimmt, lassen wir uns mit Thermoskanne und Keksen auf einer der Bänke nieder und beobachten, wie die mächtige und zugleich filigrane Stahlkonstruktion vor unseren Augen einen ständigen, etwas erratisch wirkenden Tanz aufführt, um in neue Richtungen des Himmels zu messen und dabei die Eigendrehung der Erde auszugleichen. Erst vereinzelt, dann immer klarer und strahlender beginnen die Sterne über uns zu funkeln. Wir erinnern uns an die vielen spektakulären Erstentdeckungen, die hier in Effelsberg gemacht wurden, und genießen dabei die völlige Stille im Tal. Astronomie tut gut!

✆ Manchmal kann auch das Kontrollzentrum bei einem Tag der offenen Tür besichtigt werden. Keinesfalls verpassen!

KLARE EXZELLENZ

Das Glasmuseum in Rheinbach

32

Ein Besuch im Glasmuseum mit Kindern? Vielen wird es mulmig bei dem bloßen Gedanken. Aber doch, das geht, und Sie werden staunen! Im Rheinbacher Glasmuseum gibt es viele Objekte, die nach dem Motto »Hands on«, Glas zum Anfassen, ausgestellt sind. Dazu wird mit Themen wie der Spiegelung gespielt, um auch den jüngeren Besuchern die Vielfalt dieses alltäglichen und dennoch bemerkenswerten Materials zu erklären. In der unteren Etage befindet sich eine komplette historische Schleiferei, in der die faszinierenden Techniken der Bleiverglasung, Sandstrahlung und Gravur in Workshops interaktiv vorgeführt werden. Es gibt keine Altersgrenze, man braucht nur Fantasie und Begeisterung mitzubringen.

Nach dem Zweiten Weltkrieg wurde Rheinbach durch die Ansiedlung sudetendeutscher Glasspezialisten aus Nordböhmen zur Glasstadt. Es herrschte reger Betrieb in den örtlichen Glaswerkstätten. Sogar eine Glasfachschule wurde gegründet. 1968 wurde das Glasmuseum im ehemaligen Rathausgebäude eröffnet. Dieser Ort ist immer noch das Herz des Bürger- und Kulturzentrums *Himmeroder Hof*. Hier finden regelmäßig Ratssitzungen, Konzerte und zahlreiche Veranstaltungen statt. Seit 2002 fördert das Glasmuseum in Zusammenarbeit mit mehreren europäischen Fachschulen auch die Glasmeister der Zukunft durch einen renommierten internationalen Glaskunstpreis.

Dem Glasmuseum gehören ungefähr 3.000 Glasobjekte aus der ganzen Welt vom Barock über das Biedermeier bis in die Gegenwart. Darunter befinden sich zahlreiche Kunstwerke von bekannten Meistern wie Harvey Littleton, Gründer der amerikanischen Studioglas-Bewegung, dem Graveur Franz Wendler oder dem Studio Salvadore aus Murano, der venezianischen Insel. Für beinahe außerirdisch kann man das phosphoreszierende Uranglas halten, das im Dunkeln leuchtet.

☍   Das Naturparkzentrum neben dem Museum ist einen Besuch wert, besonders für Kinder und Wanderer. Sein reizvolles Veranstaltungsprogramm ist zu finden unter: www.naturpark-rheinland.de

GRAFSCHAFTER KRAUTFABRIK JOSEF SCHMITZ KG ///
WORMERSDORFER STRASSE 22 – 26 /// 53340 MECKENHEIM ///
0 22 25 / 9 19 00 (ANMELDUNG ERFORDERLICH) ///
WWW.GRAFSCHAFTER.DE ///

EIN UNVERWECHSELBARER GELBER BECHER

Die Grafschafter Krautfabrik Josef Schmitz
in Meckenheim

33

Die Verwurzelung der Familie Schmitz in Meckenheim geht bis ins 17. Jahrhundert zurück. Wo heute die Grafschafter Krautfabrik steht, verwaltete 1850 der Vater des Firmengründers Josef Schmitz eine Posthalterei. Der Betrieb ging immer mit der Zeit: 1893 wurde eine Feldbrandziegelei errichtet und schon im Jahr 1904 begann die Zuckerrübensirupfabrikation. Erst als Nebenbetrieb zur bestehenden Landwirtschaft, entwickelte sie sich schnell zum Hauptgeschäft.

Wie wichtig dem Unternehmen die Beziehung zum Ort und den Bewohnern heute noch ist, merkt man sofort bei der Betriebsbesichtigung. Während der Rübenkampagne, zwischen Mitte September und Mitte Dezember, defilieren die Landwirte auf ihren Traktoren zwischen Acker und Fabrik. Ihre Felder befinden sich höchstens 15 Kilometer vom Werk entfernt. Jeder Traktor wird gewogen und eine Probe seiner Rübencharge genommen. Dann geht die Fahrt weiter zur Abladerampe. Auf der Rampe wird das ganze Gespann zur Seite gekippt. Es ist höchst spektakulär zu sehen, wie ein Berg von Rüben über die Transportbänder purzelt. Ein erfahrener Mitarbeiter lässt sie in die sogenannten Schwämmrinnen plumpsen. Schwimmend geht es weiter zum reinigenden Strahl der Wasserkanonen. Das ist lustig! Nach dem Entfernen von Blattgrün, Erde und Steinen verschwinden die sauberen Rüben in unterirdischen Kanälen. Von hier aus beginnt ihre Reise durch die Verarbeitung bis zum Zuckerrübensirup.

Wir verfolgen einen interessanten Film über die Herstellung und probieren die hiesigen Köstlichkeiten. Gerne tauschen wir Rezepte und Tipps mit den anderen Teilnehmern aus. Im Fabrikladen findet man neben dem berühmten *Grafschafter Goldsaft* auch verschiedene Fruchtschmäuse, Karamellsirup und zum Verschenken eine tolle gelbe Box mit sieben Produkten, die nur hier zu erwerben ist!

🖉   Im Grafschafter Firmenlogo wird die Tomburg gezeigt. Diese Burg befindet sich in der Nähe von Wormersdorf und ist ein Höhepunkt mehrerer Wanderwege.

**MUSEUM ROEMERVILLA /// AM SILBERBERG 1 ///
53474 BAD NEUENAHR-AHRWEILER /// 0 26 41 / 53 11 ///
WWW.MUSEUM-ROEMERVILLA.DE ///**

DER FUSSABDRUCK EINES RÖMISCHEN KINDES

Das Museum Roemervilla in Bad Neuenahr-Ahrweiler

34

1980 wurde beim Straßenbau diese Villa aus dem 1. Jahrhundert entdeckt. Man erwartete, in der Nähe einen Fund zu machen, denn bis zum Rhein hin sind knapp zehn römische Villen in gerader Strecke belegt. Aber keiner hatte mit einer solchen Größe und dieser einmaligen Erhaltung gerechnet. 1.000 Quadratmeter maß das Herrenhaus, das 3,5 Meter hohe bemalte Wände besaß. Ein 70 Meter langer Säulengang an der Südseite des Hauses verband es mit dem 200 Quadratmeter großen Badehaus. Einen guten Überblick über die imposante Anlage gewinnt man von der Galerie in der ersten Etage.

Die Bewohner betraten das Haus über die Basalttreppe im Süden. Das ist ein besonderer Ort, weil die römischen Stufen 2.000 Jahre alt sind, und die Stücke, die in den 1990er Jahren ergänzt wurden, aus derselbe Region kommen und aus einem Stein bestehen, der gleich alt ist. Hier spürt man, wie der Kreis sich schließt.

Gegen Ende des 3. Jahrhunderts wurde die Villa zuerst zu einem Rasthaus und später zur Eisenwerkstatt umgebaut. Nach dem 5. Jahrhundert ist sie aufgegeben worden, und im 8. Jahrhundert wurde hier ein kleiner Friedhof angelegt. Verborgen unter der Villa befindet sich noch ein Vorgängerbau. Hier wird greifbar, wie wir Menschen Spuren durch die Jahrhunderte hinterlassen. Der Name des Hausherren ist nicht bekannt, aber man hat interessante Abdrücke in Dachziegeln gefunden: Fußspuren von Kindern, von genagelten Sandalen und von Haustieren. Das reicht, um sich ein friedliches Leben hier vorzustellen, mit lächelnden Kindern, die dem Hund, der Katze oder einer Ziege im Garten hinterherliefen.

Bei einer Kostümführung kommt man den Römern ganz nahe: Hausherrin Agrippina und der Sklave Secundus erzählen auf unterhaltsame und fundierte Weise von ihrem Leben in dieser Villa.

☞ Nutzen Sie die Gelegenheit, um einen Bummel im Zentrum zu machen und die schöne mittelalterliche Stadt Bad Neuenahr-Ahrweiler zu entdecken!

RESTAURANT BROGSITTER SANCT PETER ///
WALPORZHEIMER STRASSE 134 ///
53474 BAD NEUENAHR-AHRWEILER IM WEINORT WALPORZHEIM ///
0 26 41 / 9 77 50 /// WWW.SANCT-PETER.DE ///

EDLER WEIN

Das Restaurant Brogsitter Sanct Peter in Walporzheim

35

Das Gut *Sanct Peter* hat eine sehr lange und spannende Geschichte. Das Haus existierte schon um 600, als es den fränkischen Königen gehörte. Nach 800 wurde es dem bedeutenden Benediktinerkloster zu Prüm geschenkt, dem Kloster des Vaters Karls des Großen, König Pippin. Um 1100 ging das Gut *Sanct Peter* durch Ländertausch in den Besitz des Grafen Are zu Hochstaden über, einem Grafengeschlecht aus der Eifel. 1246 schenkte Graf Friedrich auf dem Sterbebett den gesamten Herrenhof an das Domkapitel zu Köln, wo sein Bruder Konrad zu diesem Zeitpunkt Erzbischof war. *Sanct Peter* blieb dann im Besitz der Kirche, bis unter Napoleon 1805 die Säkularisation vollzogen wurde.

Die Familie Brogsitter, die jetzigen Inhaber, haben das Haus nach dem Zweiten Weltkrieg übernommen. Auch ihre Geschichte ist eng mit dieser Region verbunden, in der sie als Winzer- und Weinbauernfamilie seit dem 16. Jahrhundert bekannt sind. Ihnen gehört das größte Privatweingut an der Ahr, nahe am Meckenheimer Kreuz.

In dem Fenster im großen Speisesaal des Restaurants ist der Namenspatron Sankt Peter mit seinem Hauptattribut, dem Schlüssel, dargestellt. Das Ambiente in diesem ersten Restaurantbereich ist klassisch, denn hier wird das Restaurant Brogsitter als Gourmet- und Feinschmeckerrestaurant geführt. Die *Weinkirche* bietet Regionalküche an, während der Schwerpunkt der *Kaminstube* auf der ländlichen Speisekarte liegt. Besonders schön ist der Garten im Sommer, wenn man auf der Terrasse die Köstlichkeiten des Hauses genießen kann.

Berühmtheiten aus Politik, Wirtschaft, Kultur und Sport kommen oft zu Besuch. Im Gästebuch tauchen Namen wie Thomas Gottschalk, David Coulthard, Helmut Kohl oder Otto Waalkes auf.

Die Teilnahme an einem Weinseminar im Haus ist absolut empfehlenswert.

🐚 Das Ahrtal ist ein Wein- und Wanderparadies zugleich. Auf dem *Rotweinwanderweg* locken die atemberaubende Landschaft und die leckeren Weine. www.ahr-rotweinwanderweg.de und www.rotweinwanderweg.de

SPRUDELNDES THERMALWASSER

Die Ahr-Thermen in Bad Neuenahr-Ahrweiler

36

1856 entdeckte der Winzer Georg Kreuzberg eine Heilquelle. Das war eine solche Sensation, dass knapp zwei Jahre später Prinzessin Augusta persönlich, die zukünftige Deutsche Kaiserin, die Quellen in Bad Neuenahr einweihte. Die Nachricht machte schnell die Runde, und ganze Scharen von Gästen besuchten die Stadt, die zum internationalen Kurort wurde.

Das renommierte »Heilwasser« wurde bei Magenbeschwerden, Herzproblemen und einer ganzen Reihe von Leiden angewendet. In den Ahr-Thermen badet man im Thermalwasser von höchster Qualität aus einer 365 Meter tiefen Quelle. Da das Wasser natürliche Kohlensäure enthält, spürt man ein prickelndes Gefühl schon nach einem Stündchen schwimmen. Ganz erfrischend!

Die Badeanlage erinnert an ein riesiges Zirkuszelt. Ihre offene Struktur ist sanft eingebettet in die Landschaft, und die großen Fenster lassen den Blick über den herrlichen Kurpark schweifen. Der sprudelnde Betrieb läuft seit mehr als 20 Jahren. Die Gäste kommen gerne hierher, um aktiv zu bleiben. Im Bewegungsbecken wird den ganzen Tag über kostenlos Wassergymnastik angeboten. Das ist ideal, besonders nach einer Wanderung, um die Muskulatur richtig schön zu entspannen und wieder in Schwung zu bringen. Das Aqua Cycling wird empfohlen, um die Wirbelsäule und die Gelenke zu entlasten.

Auch in der Kosmetikabteilung wird das Thermalwasser verwendet, denn die natürlichen Kosmetikstoffe für die Behandlung werden damit angereichert. Die Haut wirkt danach schön straff und gut durchblutet. In der oberen Etage wird täglich massiert, und die »Saunazeremonien« sind ein echter Balsam für Körper und Seele. Im Restaurant wird regional, saisonal und immer frisch gekocht.

Kinder sind jederzeit willkommen, und es gibt viele, die den Ort mit den Großeltern frequentieren.

🖉 In der Trinkhalle des Kurparks kann man das berühmte »Bad Neuenahrer Heilwasser« trinken. Das Kulturprogramm des Parks bietet das ganze Jahr Veranstaltungen und Musikkonzerte an. www.das-heilbad.de

BÄCKEREI MANNEBACH /// HINTERDORFSTRASSE 1 ///
56746 KEMPENICH /// 0 26 55 / 15 56 ///

DER MEISTER UND SEIN STEINOFEN

Die Bäckerei Mannebach in Kempenich

37

Für Manfred Mannebach steht fest: »Backen kann man nur auf Steinen, mit Holz geheizt. Alles andere ist entweder gekocht oder gebraten.«

Sein Steinofen ist das Herz, sein Teig ist die Seele … und die Zunge hat das letzte Wort! Diese Meinung teilt offensichtlich auch seine Kundschaft, die der *Bäckerei Mannebach* seit Generationen treu bleibt.

Seine Brötchen sehen nicht alle perfekt einheitlich aus, weil dies keine Brotfabrik ist. Hier wird nichts produziert, sondern nach alter Tradition gebacken. Was im 19. Jahrhundert mit seinem Ururgroßvater angefangen hat, wird von seinem Sohn Lorenz in der 7. Generation künftig weitergeführt werden.

Manfred Mannebach besitzt eine bemerkenswerte Fähigkeit zum Multitasking. Während der Bäcker sich mit uns unterhält, gibt er kurze Anweisungen für die nächsten Beschickungen, arrangiert die Brote im Steinofen, bestreut den Brotschießer mit Kleie, deponiert einen rohen Brotlaib drauf und lässt ihn im Ofen verschwinden. Das Ganze ist im Handumdrehen erledigt und mehrmals wiederholt. Ich bin baff! Sein Ein- und Ausschießen erinnert mich an die fließenden Bewegungen eines venezianischen Gondoliere. Es sieht ganz einfach aus, ist es aber ganz und gar nicht.

Hier gibt es Roggenbrot, Mischbrot und Weißbrot. Das »Eifler Schwarzbrot« ist der Renner, aber ich finde die Körnerbrötchen mit Sonnenblumenkernen, Kürbiskernen, Roggenschrot und Haferflocken auch sehr lecker. Und die von Kerstin Mannebach zubereiteten Obstteilchen und Kuchen – einfach köstlich!

Der berühmte Steinofen der Bäckerei stammt aus der Zeit um 1880 und wird mit Eichen- und Buchenholz geheizt. Wegen der großen Nachfrage nach Brötchen, vor allem den Roggenbrötchen, wurde ein zusätzlicher Steinofen speziell in der Breite des stoffbespannten Aufsetzapparates errichtet. Weiter so!

🥖 Im Gasthof Kempenich kann man sowohl köstliche Spezialitäten aus der Eifel genießen als auch im gemütlichen Ambiente übernachten. www.gasthof-kempenich.info

ALPAKAS VOM ROTTLANDHOF /// SILKE NEUHAUS ///
ROTTLANDHÖFE 1 /// 56746 KEMPENICH /// 0 26 55 / 7 40 93 72
(ANMELDUNG ERFORDERLICH, ZUTRITT AB 8 JAHREN) ///
WWW.ALPAKAS-VOM-ROTTLANDHOF.DE ///

MEIN PULLOVER HAT EINEN NAMEN!
Die Lama/Alpaka-Wanderung in Kempenich

38

Die begeisterte Zuneigung von Silke Neuhaus für Lamas und Alpakas ist ansteckend. Auf ihren weiten Wiesen laufen stolz und gelassen knapp dreißig Tiere umher. Es reicht, ihnen in die großen Augen zu sehen, um von ihnen verzaubert zu werden. Sie sind sehr neugierig, kommen und schnuppern an jedem Besucher, sobald sich die Gelegenheit bietet.

Die Jüngeren springen verspielt, die Älteren schreiten majestätisch. Die hellen oder dunklen Farben ihres Vlieses passen gut in die Eifellandschaft. Erkennen Sie den Unterschied zwischen Lamas und Alpakas? Generell sind die Alpakas kleiner als die Lamas. Auch an den Ohren und Beinen der Alpakas wächst schöne Wolle. Sogar oben auf dem Kopf kriegen sie einen richtig dichten Schopf. Außerdem haben sie ein glänzendes, welliges Vlies, feiner als Watte.

Die Tiere des Rottlandhofes werden einmal pro Jahr geschoren. Das ist wichtig, denn während die Kälte ihnen überhaupt nichts ausmacht, würden sie mit langem Vlies unter der sommerlichen Hitze leiden. Das leuchtet ein, da ihre Art aus den Anden stammt und ihr Vlies so dicht ist, dass kein Wind hindurchgeht. Deshalb hält Alpakawolle auch so warm und ist ein Edelprodukt. Da Frau Neuhaus weiß, welches Tier welche Wolle produziert hat, kann man in ihrem Laden die Wolle seines Lieblingstieres kaufen, um sich daraus Pullover, Handschuhe oder Mütze zu stricken. Das ist toll! Man kann sich sogar ein paar Tiere aussuchen und sich aus ihren Fasern eine Steppdecke füllen lassen.

Unsere Wanderung fand hauptsächlich mit Lamas statt, weil diese mehr Spaß daran haben. Beim Wandern entspannt und erholt man sich. Ich laufe neben meinem Tier und fühle mich ganz glücklich. Schnell finden wir einen gemeinsamen Rhythmus für unseren Wanderweg. Was für ein schöner Tag!

✍ Der Ahrweiler Weihnachtsmarkt bietet nicht nur hochwertige Produkte rund um Weihnachten, sondern auch ein erstklassiges Veranstaltungsprogramm. www.werbegemeinschaft-ahrweiler.de

BAHNHOF BROHL BE /// BAHNHOFSTRASSE ///
56656 BROHL-LÜTZING /// 0 26 36 / 8 03 03 ///
WWW.VULKAN-EXPRESS.DE ///

STEIGEN SIE EIN!

Im Vulkan-Express von Brohl nach Oberzissen und Engeln

39

Hinter dem Brohler Hauptbahnhof liegt der alte Bahnhof, der fast ein wenig verwunschen wirkt. An seinem schmalen Gleis sammeln sich regelmäßig Reisende und Neugierige, um eine Berühmtheit zu feiern: den *Vulkan-Express*. Die wunderschöne schwarz-rote Dampflokomotive ist mehr als hundert Jahre alt, aber sie funkelt unter den Blitzlichtern der Besucher, als wäre sie gestern erst gebaut worden.

Ich kann es kaum erwarten, in den Zug zu steigen. Aber soll ich mich für den offenen Wagon entscheiden, um die Herbstbrise zu genießen, oder es mir auf einem roten Ledersitz der 1. Klasse bequem machen? In letzter Sekunde bekomme ich einen Tipp: Der letzte Wagon ist etwas Besonderes. Schnell laufe ich durch die belebten Abteile. Begeisterte Kinder, lächelnde Großeltern, schwatzende Freunde. Jeder freut sich auf die bevorstehende Fahrt.

Je näher ich meinem Ziel komme, desto spärlicher besetzt sind die Abteile. Zuerst bin ich verblüfft, denn im letzten Wagon befindet sich nur eine Handvoll Leute mit großen Kameras. Die Lokomotive dampft, pfeift und macht sich fauchend auf den Weg. Eilig drängen meine Mitreisenden an das Wagonende. Von hier aus genießt man einen fantastischen Ausblick über das Tal und seine Naturschätze. Wenige Minuten später werden alle Fenster heruntergezogen: Wir erreichen den Tunnel! Das Licht geht aus und dicker Rauch quillt in unser Abteil. Hustend grinsen wir Eingeweihten uns an und wünschten, unsere Gesichter wären schwarz vom Ruß. Was für ein unvergessliches Abenteuer!

Dank der löblichen Aktivitäten der IBS-Mitglieder (Interessengemeinschaft Brohltal-Schmalspureisenbahn) fahren rund 80.000 Besucher pro Jahr mit dem *Vulkan-Express*.

Die grün-beige Diesellokomotive fährt bis Engeln und überwindet fast 400 Höhenmeter!

✍ Der Brohltaler Sauerbrunnen liegt 400 Meter entfernt vom Bahnhof Oberzissen. Das bräunliche, eisenhaltige Mineralwasser dieser Quelle hat einen einzigartigen Geschmack. Kostenlos zu probieren!

RHODIUS MINERALQUELLEN UND GETRÄNKE GMBH & CO. KG ///
BROHLTALSTRASSE 2 /// 56659 BURGBROHL /// 0 26 36 / 92 03 00 ///
WWW.RHODIUS-MINERALQUELLEN.DE /// ANMELDUNG ERFORDERLICH,
AB 6 JAHREN /// EXKLUSIVE BETRIEBSBESICHTIGUNG IM HERBST FÜR
UNSERE LESER. ///

VULKANISMUS ZUM TRINKEN

Die RHODIUS Mineralquellen in Burgbrohl

40

Exklusiv für die Leser unseres Gmeiner-Reiseführers bietet RHODI-US im Herbst an drei Tagen Betriebsbesichtigungen an! Dies ist eine einzigartige Gelegenheit, das Werk von innen zu sehen!

RHODIUS wurde 1827 als Familienunternehmen gegründet und ist seitdem, heute in der achten Gencration, eng mit der Vulkaneifel verbunden.

Die RHODIUS-Quelle ist etwas ganz Besonderes. Sie reicht zirka 500 Meter in die Tiefe und gehört zu den tiefsten Quellen weltweit. Nachdem das Wasser als Niederschlag auf die Erde gefallen ist, braucht es bis zu fünf- bis zehntausend Jahre, um das Wasservorkommen der RHODIUS-Quelle zu erreichen. Das ist enorm! Während dieser langen Reise durch unterschiedliche Vulkangesteinsschichten wird das Wasser sowohl mit wertvollen natürlichen Mineralstoffen angereichert als auch auf natürlichste Weise gefiltert. Die Kohlensäure ist dann schon bis zu zehntausend Jahre mit dem Wasser verbunden! Aber was sind die Unterschiede zwischen Mineral-, Tafel- und Oberflächenwasser? Wie viel Wasser gibt es auf der Erde und wie viel davon ist tatsächlich Trinkwasser? Die Antworten auf diese Fragen und alles Wissenswerte über Mineralwasser erfahren Sie bei der Führung, die auch die Möglichkeit bietet, das RHODIUS Mineralwasser und die Brunnenerfrischungsgetränke zu verkosten.

Für die Fabrikbesichtigung brauchen Sie feste Schuhe und bequeme, sportliche Kleidung, denn es gilt, einige steile Treppen zu erklettern. Dafür sehen Sie die beeindruckenden Abfüllanlagen aus der Nähe, in denen die Flaschen mit Höchstgeschwindigkeit vorbeirasen! Und zum Schluss werfen Sie auch einen Blick in die Lagerhalle, wo Sie das Beladen der LKWs mit Türmen von abgefüllten Flaschen beobachten. Neugierig geworden? Rufen Sie an! Viel Spaß!

✍ Im Zentrum von Burgbrohl befindet sich auf dem Josefsplatz die *Josefssäule*. Diese im Rheinland seltene Form von Bildsäule wurde 1786 von der Familie von Bourscheidt der Gemeinde Burgbrohl geschenkt.

GETREIDEMÜHLE HERBERT MOSEN GMBH ///
SCHWEPPENBURG 1 /// 56656 BROHL-LÜTZING
0 26 33 / 15 13 (ANMELDUNG ERFORDERLICH) ///
WWW.MOSENMUEHLE.DE ///

Schon in einer Urkunde aus dem 14. Jahrhundert wird die imposante Schweppenburg erwähnt, die Arnold von Schweppenburg, Schöffe zu Andernach, zusammen mit einer Getreide- und einer Ölmühle sowie den dazugehörigen Weinbergen gehörte. Trotzdem ist es möglich, dass jene Getreidemühle, die heute *Mosenmühle* heißt und von Rainer Mosen in der dritten Generation betrieben wird, noch älter ist. Der Müllermeister erzählt gerne, durch welch glücklichen Zufall seine Familie zu der Mühle kam. Seine Vorfahren waren schon um 1814 als Küfer auf der Burg tätig. Anfang des 20. Jahrhunderts überwarf sich der Baron mit dem damaligen Müller, weshalb die Mühle für ein knappes Jahr still stand. Der Burgherr bat den Großvater von Rainer Mosen darum, sich um die Mühle zu kümmern. Dieser war aber ursprünglich mehr an der alten Ölmühle interessiert, die Anfang des 19. Jahrhunderts zu einer Trassmühle umgebaut worden war. Aber schließlich gelang es, ihn zu überzeugen, sodass die Familie Mosen 1913 die Getreidemühle übernahm.

Musste man auch den heutigen Müllermeister überreden? Auf keinen Fall! Er erinnert sich noch gut, dass er schon mit fünf Jahren seinem Vater völlig fasziniert durch die Mühle hinterherlief. Er hat das Mahlverfahren zur Perfektion gebracht und sich die große Anerkennung der Kunden erarbeitet. Seine langjährige Erfahrung und seine Begeisterung wendet er beim Kurzhochmahlverfahren an, das von Mühlenbauingenieur Ottwill Kanuff entwickelt wurde. Bei einer Führung kann der Besucher alles über dieses schonende Verfahren herausfinden und auch das mächtige Wasserrad bestaunen, das noch immer alles antreibt. 20 Mehlsorten werden hier gemahlen, frisch abgepackt und im Mühlenladen neben Dutzenden anderer Backzutaten und -mischungen verkauft.

🖋 Der Vulkan-Express (s. S. 89) bietet den Fahrgästen tolle »Mühlen-Fahrten« mit Besichtigung der Mosenmühle und köstlichem Frühstück an! www.vulkan-express.de

BENEDIKTINERABTEI MARIA LAACH /// 56653 MARIA LAACH ///
0 26 52 / 5 90 /// WWW.MARIA-LAACH.DE ///

BENEDIKTINISCHE GASTFREUNDSCHAFT ERLEBEN

Die Benediktinerabtei Maria Laach

42

Maria Laach hat ein ganz besonderes Flair. Es ist ein Ort der Empfindung, der Entspannung und der Entdeckung. Der blumen- und pflanzengesäumte Zugangsweg zur Kirche ist liebevoll ausgestaltet und erinnert an das handwerkliche Geschick der Benediktiner in Bezug auf Natur und Landwirtschaft, wofür die entzückende Klostergärtnerei und die Fischerei mit den köstlichen Laacher Silberfelchen zwei gute Beispiele sind.

Pfalzgraf Heinrich II. von Laach stiftete 1093 das Kloster »zu Ehren der heiligen Gottesmutter Maria und des heiligen Nikolaus«. Leider kam das große Projekt durch sein Ableben zwei Jahre später und das seiner Gemahlin Adelheid im Jahr 1100 ins Stocken. Es war mehr als ein Jahrhundert vergangen, bevor das Bauwerk um 1216 vollendet wurde.

Abt Gregor ließ um 1220 ein Schmuckstück an die Kirche bauen: das *Paradies*, eine Vorhalle mit doppelsäuligen Arkadenreihen und verzierten Kapitellen. Man nehme sich Zeit für den Kapitellfries. Links am Portal macht der bequem sitzende Teufel »Akquise« und notiert die Sünden des Volks auf einer Schriftrolle. Im Süden taucht die naive Eva aus einem Wald von Pflanzen und Tieren auf und wird von der teuflischen Schlange angesprochen ... Wir wissen schon, mit welch schmerzhaften Konsequenzen! Sehr lustig sind die sogenannten »Haarraufer«, zwei Gestalten, die sich buchstäblich in die Haare fahren.

Das Innere der Kirche wirkt halbdunkel bis zum Apsismosaik, das von Kaiser Wilhelm II. gestiftet wurde. Christus segnet vor einem goldenen Hintergrund die Menschheit. Der Altar ist bekrönt von einem einzigartigen sechseckigen Baldachin, dem Ziborium aus dem 13. Jahrhundert. Ein Meisterstück!

In Maria Laach wird das Kloster gelebt und bietet interessante Führungen und Seminare an. Sehr beliebt sind Töpferkurse, Bogenschießen und Buchbinden.

🖋 Man kann sowohl im renovierten Gastflügel der Abtei als auch im Vier-Sterne-Seehotel Maria Laach übernachten, um sich zu entspannen und dem Klosterleben näher zu kommen. www.seehotel-maria-laach.de

chärfe

Eifel

Perowskit

DAS MUSEUM, IN DEM DER BODEN BEBT

Das Deutsche Vulkanmuseum Lava-Dome in Mendig

43

Als der *Lava-Dome* 2005 eröffnet wurde, hatte niemand mit einem solchen Interesse gerechnet. Das Erfolgsrezept dieses Museums besteht aus drei Elementen: dem spannenden Thema Vulkanismus, der interaktiven Ausstellung und der ansteckenden Begeisterung des Museumsleiters und seiner Mitarbeiter.

Im Erdgeschoss wagt man sich ins *Land der Vulkane*. Eine spektakuläre Videoshow stellt den Ausbruch zweier Vulkane dar. Ganz nah sitzt man an der Leinwand und wird von Bildern und Geräuschen mitgerissen. Der Boden vibriert, ein eisiger Wind bläst und große Mengen von Magma dringen aus der Erde. Die Musik wird lauter. Plötzlich bricht der Krater auf und speit Feuer und Rauch. Glühendheiße Lavaströme bahnen sich ihren Weg bis zur ersten Reihe, und es regnet Bims und Asche. Was für ein Erlebnis! Wundern Sie sich nicht, falls Ihre Kinder die Vorführung mehrmals sehen möchten. Das passiert oft.

Im Obergeschoss können die Kleineren im Inneren eines Vulkans Märchen lauschen oder außen darauf herumklettern. In Experimentalstationen können die Besucher sprechende Lavagesteine anfassen, an Kurbeln drehen und Hebel ziehen und drücken, um die Kräfte im Erdinneren zu erkunden. Es gibt einen Vulkan-Ascheflug-Simulator, ein großes Mineralien-Mikroskop, Rohstoffe und Produkte aus vulkanischem Material zum Spielen und Bewundern. Im wissenschaftlichen Bereich wird gezeigt, wie Vulkanologen arbeiten, unter anderem mit einem Seismographen.

Im 30 Meter tiefen Basaltkeller geht der Spaß weiter. Ende des 19. Jahrhunderts verwendeten 28 Brauereien diesen Ort als Gärkeller. Allein das für Besucher erschlossene Areal, so groß wie drei Fußballplätze, wirkt schon wie der größte Kühlschrank der Welt! Spielfilme wurden hier gedreht, und die Tapfersten nutzen sogar die Möglichkeit, sich hier trauen zu lassen.

Die *Nacht der Vulkane* findet jedes Jahr in der letzten Juliwoche in Mendig statt. Am letzten Abend wird ein Vulkanausbruch inszeniert. Absolut empfehlenswert! www.nacht-der-vulkane.de

VULKAN BRAUEREI GMBH & CO. KG /// LAACHER-SEE-STRASSE 2 ///
56743 MENDIG /// 0 26 52 / 52 03 90 (ANMELDUNG ERFORDERLICH) ///
WWW.VULKAN-BRAUEREI.DE ///

BIER UND BASALT
Die Vulkan Brauerei in Mendig

44

Früher reifte das Bier bei acht Grad. Ohne Kühlanlage wurden seine Herstellung und seine Haltbarkeit im Sommer zum Problem. Einige Brauereien beschlossen daher, ihr Bier im Mendiger Lavakeller zu lagern, wo die Temperatur das ganze Jahr über zwischen acht und zehn Grad betrug. Hier konnte man auch in den warmen Monaten brauen. Ab 1842 zogen dann 28 Brauereien nach Mendig. Aber den Platz im 30 Meter tiefen Felsenkeller zu schaffen, war kein Kinderspiel.

Man begreift bei der Besichtigung dieses erstaunlichen Ortes, welche Leistung damals vollbracht wurde. Denn der Untergrund besteht aus einer harten Lavaschicht, die ungefähr 300.000 Jahre alt ist. Wir stehen mitten in einem erstarrten Lavastrom, der zehn Meter dick und 200.000 Jahre alt ist. Die nächsten 20 Meter darüber sind mit Bims gefüllt, der vom Ausbruch des Laacher See Vulkans vor 13.000 Jahren stammt. Man musste sich einen Weg durch den Bims freischaufeln. Das war eine mühsame Frauen- und Kinderarbeit, die täglich zwölf Stunden lang bei Kerzenlicht stattfand.

Als der Ingenieur Carl Linde um 1870 die Kühlmaschine erfand, verließen alle Brauereien Mendig außer einer, der Wölker Brauerei, die seit 2011 der Familie Tack gehört und heute den stolzen Namen *Vulkan Brauerei* trägt. Neben den alten Kupferkesseln glänzen die neuen aus Edelstahl. In der Brauerei wird erklärt, wie das trübe, ungefilterte und schmackhafte Bier hergestellt wird. Im Gär- und Lagerraum kann man direkt vom Behälter ein Glas frisch gezapftes Bier genießen. Und um die Vulkanbierwelt weiter zu entdecken, sind das Vulkan Brauhaus und der Laden täglich geöffnet. Unsere Empfehlung: Das Doppelbockbier, das nach der Fertigstellung in Barriquefässer umgefüllt wird, in denen zuvor Whisky für zwei Jahre gereift ist. Schmeckt wunderbar!

Man kann den Laacher See umwandern. Der liebliche Uferweg ist 7,9 Kilometer lang. Im Ostteil des Sees blubbert die Wasseroberfläche und erinnert uns daran, dass der Vulkan nur schläft.

EIN MEISTERWERK AUS SANDSTEIN

Die Kirche St. Martin und das Martinus-Museum
in Bassenheim

45

Es ist dem Domherrn und Chorbischof Casimir Grafen Waldbott von Bassenheim zu verdanken, dass ein Meisterwerk gerettet wurde: das *Martinsrelief*.

Alles begann im Jahre 1239, als der später sogenannte Naumburger Meister die Ausschmückung des Westlettners im Mainzer Martinsdom vollendete. Zentrales Bild war die Darstellung der »Mantelspende« des Soldaten Martin in einer für die damalige Zeit ungemein emotionalen, ja fast modernen Art. Die Szene wirkt höchst dynamisch, weil Pferd und Reiter den Bettler schon beinah passiert haben, als sie seinen Hilferuf hören. Sankt Martin muss sich um fast 180 Grad drehen, um bloß einen Blickkontakt mit dem Armen herzustellen. Sein Pferd scheint irritiert von der Störung und keilt mit dem Hinterlauf aus.

Unser Blick wird von der Bewegung der Figuren gefangen. Ihre Arme begrenzen den Raum zwischen den beiden, und genau in der Mitte steht das Schwert, als Weltgrenze und gleichzeitig als Mittel, um sie einander näher zu bringen. Das zerfetzte Gewand des Bettlers, sein mageres Gesicht und die hervorstehenden Rippen betonen die Dramatik der Szene. Kleine Details wie die Haare an den Pferdehufen schenken dem Ganzen Realismus und Intensität. Es ist so eindrucksvoll komponiert und ausgeführt, dass man Zeit braucht, um es auf sich wirken zu lassen.

Als 1683 der Westlettner abgerissen wurde, brachte Graf Casimir das Relief nach Bassenheim, wo er ab 1718 eine Barockkirche bauen ließ.

1935 identifizierte Professor Hermann Schnitzler das Relief als Werk des Naumburger Meisters. Seit jener Zeit ist das Bildnis der Fachwelt als *Bassenheimer Reiter* bekannt. Heute kann man es am linken Seitenaltar der Kirche Sankt Martin bewundern und alles dazu im nahe gelegenen Martinus-Museum erfahren.

✍ Neben dem Rathaus in Bassenheim erinnert das Europagedenkzeichen an das denkwürdige Treffen im Oktober 1948 zwischen Konrad Adenauer und dem französischen Außenminister Robert Schuman.

EIFELMUSEUM UND DEUTSCHES SCHIEFERBERGWERK ///
GENOVEVABURG /// MARIO-ADORF-BURG-WEG /// 56727 MAYEN ///
0 26 51 / 49 85 08 /// WWW.EIFELMUSEUM-MAYEN.DE ///

TIEF UNTER DER ERDE

Das Eifelmuseum und das Deutsche Schieferbergwerk in Mayen

46

Obwohl Mayen 1945 von Bombenangriffen größtenteils zerstört wurde, erkennt man dank des Wiederaufbaus an vielen Stellen wieder seine strahlende Pracht. Empfehlenswert sind ein Spaziergang im Zentrum und der Besuch der imposanten Burg.

Im Eifelmuseum der Genovevaburg wird die Geschichte der Eifel bunt, lehrreich und interaktiv dargestellt. Es fängt im roten zweiten Untergeschoss »Geologie« mit der Beschreibung dieser Region vor vielen Millionen Jahren an. Fossilien und Mineralien helfen dabei, sich die damalige Umgebung vorzustellen, als nur die Vulkane das Sagen hatten und noch kein Mensch die Erde bewohnte.

Den Urmenschen und Tieren wie Mammuts und Bisons ist das Erdgeschoss »Eifel total« gewidmet.

Im grünen ersten Stockwerk geht es um Mensch und Landschaft. Die Besucher öffnen Schubladen, drehen Rädchen und lauschen auf Geräusche, um den Alltag der Kelten, der Römer und der Bewohner der Eifel bis zum heutigen Tag zu erkunden. Jeder kann auch seine Kraft beim Pflügen messen. Es macht Spaß!

Im dritten Stockwerk entdeckt man Glauben und Aberglauben in der Eifel-Gesellschaft.

Mich hat das Schieferbergwerk im blauen dritten Untergeschoss besonders beeindruckt. Ausgestattet mit Helm und Schutzmantel betritt man die Stollen 15 Meter unter der Genovevaburg. Diese Gänge dienten im Zweiten Weltkrieg als Luftschutzraum. Heute wird hier die Bedeutung des Schiefers und das schwere Leben der Bergleute anhand authentischer Maschinen und Exponate erläutert. Was benutzten die Arbeiter, um den Schiefer aus der steinharten Erde zu gewinnen? Wofür brauchte man dieses Gestein? Wie und wohin wurde es transportiert und in welche Länder verkauft? Alles wird hier erklärt. Außerdem sorgt eine virtuelle Lorenfahrt mit dem *Schiefer-Express* für echten Nervenkitzel!

✍ Die *Burgfestspiele Mayen* lassen jeden Sommer Theater unter freiem Himmel im stimmungsvollen Hof der Genovevaburg genießen. www.mayen.de/Kultur-und-Maerkte/Burgfestspiele

SCHLOSS BÜRRESHEIM ///
BÜRRESHEIMER STRASSE 1 (L83) /// 56727 MAYEN (ST. JOHANN) ///
0 26 51 / 7 64 40 /// WWW.BURGEN-RLP.DE ///

EIN MUSTERBEISPIEL SEINER ART
Das Schloss Bürresheim in Mayen

47

Bereits im 12. Jahrhundert wurde das Schloss Bürresheim urkundlich erwähnt. Es hat dem Zahn der Zeit getrotzt und bietet sich heute den Blicken der Bewunderer dar. Die Kölner und Trierer Erzbischöfe hatten bis in das 17. Jahrhundert ihre Besitzungen hier. 1659 ging das Schloss jedoch in den Besitz der Adelsfamilie von Breidbach über. 1796 erbten die Grafen von Renesse die gesamte Anlage, die sie 1938 an die Preußische Rheinprovinz verkauften. 1948 übernahm sie die rheinland-pfälzische Schlösserverwaltung.

Die Inneneinrichtung ist beeindruckend. Jeder Raum strahlt Flair aus. Es gibt zahllose interessante Details zu entdecken. Meine Empfehlungen: Im *Kleinen Schlafzimmer* im Erdgeschoss befindet sich eine der längsten Ahnenproben des Landes über dem Baldachinbett. Sie wurde um 1550 gemalt und stellt 32 Wappen der Familien dar, die mit den von Breidbachs verbunden waren. Im Obergeschoss sind die Wappen der ersten Hausherren als Glasgemälde im *Marschallzimmer* zu sehen. Im großen *Rittersaal* hielt man damals auch Gerichte und Hexenprozesse ab. 35 Menschen wurden hier als Hexer oder Hexen verurteilt.

Im benachbarten *Mainzer Zimmer* trifft man auf das Bildnis des bedeutendsten Mitglieds der Familie: Emmerich Joseph Freiherr von Breidbach, der ab 1763 Kurfürst und Erzbischof zu Mainz war. Zunächst war dieses Zimmer für den Familienpriester gedacht, aber ab 1800 wurde es umgeräumt und prachtvoll möbliert. In der *Familienkapelle* sollte man besonders auf die Glasfenster achten. Sie stammen aus der Zeit um 1220 und befanden sich in der Abtei Maria Laach (s. S. 95). 1815 kaufte sie der Graf von Renesse-Breidbach, nachdem die Abtei infolge der napoleonischen Säkularisation komplett zerstört wurde. Der *Blaue Salon* besitzt eine Ziegenledertapete mit geprägten Goldeinlagen, fabelhaft!

Beim Besuch von Bürresheim und anderen Schlössern und Burgen in Rheinland-Pfalz können Kinder die Stempel für ihren *Geisterpass* sammeln! www.gdke-rlp.de

ARENZ AM MALERWINKEL /// AM MARKT 4 /// 56729 MONREAL ///
0 26 51 / 4 01 30 05 /// WWW.ARENZ-AM-MALERWINKEL.DE ///

EIN MALERISCHER ORT
Der Malerwinkel in Monreal

48

Fast genauso wie im 1866 entstandenen idyllischen Gemälde von Anton Burger begrüßt der Malerwinkel von Monreal seine Besucher noch heute. Über eine schmale Steinbrücke, die noch Teil der mittelalterlichen Stadtbefestigung ist, überquert man die Elz und erreicht diese pittoreske Ecke.

Am Wochenende bewundern Touristen, Wanderer und nicht wenige Einheimische das herrliche Panorama, während sie köstliche Flammkuchen und Wein aus der Region beim *Arenz* genießen. Die alte, umgebaute Scheune ist ein Restaurant, ein Antiquitätenladen und ganz besonders ein Ort der Begegnung. Die Gäste unterhalten sich halblaut, um der plätschernden Elz und den zwitschernden Vögeln zuzuhören.

Auf dem gegenüberliegenden bewaldeten Hügel ragen die Ruinen der mächtigen Löwenburg empor. Unten im Tal spiegeln sich die alten Fachwerkhäuser im klaren Wasser des Flusses. Das Rot ihrer Balken und die schneeweißen Gefache mischen sich mit dem Grün von Bäumen und Gärten, wie auf der Palette eines Malers.

Satt gegessen und mithilfe nützlicher Tafeln, die vor fast jeder Sehenswürdigkeit stehen, lässt sich die Ortschaft auf einem geschichtlichen Rundweg prima erkunden. Den ersten Bauern und Hirten im 14. Jahrhundert folgten Weber und Tuchmacher nach Monreal, wodurch das Dorf an Reichtum gewann. Ihre Häuser sind einfach zu erkennen, denn dem Wasserbedarf gehorchend zeigen die Hinterausgänge zur Elz. Auf der Johannesbrücke hält die Figur des Heiligen Johannes Nepomuk Wache. Von hier aus fallen die schlichten Bruchsteine der Kirche *Kreuzerhöhung* und ihr mächtiger Glockenturm sofort auf. Sie lohnt den Besuch genauso wie die Friedhofskapelle St. Georg an der Dorfgrenze.

Die Einzigartigkeit von Monreal hat auch das Fernsehen seit Langem entdeckt und zeigt sie Millionen Zuschauern im ganzen Land.

🗝 Das *Stellwerk* ist Restaurant und Weinschänke, eingerichtet im alten Bahnhof von Monreal. Zwischen Wartesaal und Gleisen, einfach ausprobieren! www.stellwerk-monreal.de

KURZE HOSEN UND DRACHENFUTTER

Das Museum Nostalgikum Uersfeld

49

Das *Nostalgikum* in Uersfeld bietet eine faszinierende Zeitreise in die 1940er, 50er und 60er Jahre an. Jeder Raum des Museums ist so perfekt mit Originalgegenständen und Möbeln eingerichtet, dass die Zeit hier stehengeblieben zu sein scheint.

Vom Erdgeschoss bis unter den Dachboden sind unterschiedliche Geschäfte und Werkstätten in allen Details ausgestellt wie Schuster, Schneider und Frisör. Da der Sammler und Eigentümer der Museumsgegenstände, Johannes-Wilhelm Kirchesch, früher Briefträger war, gibt es selbstverständlich auch eine Poststelle. Sehr gelungen sind der Kolonialwarenladen mit prallvollen Regalen und die Dorfschule mit Bänken, Tintenfässern und sogar der gefürchteten Rute.

Am besten bucht man eine Führung, denn es gibt viel zu entdecken, sowohl für diejenigen, die diese Zeit erlebt haben, als auch für die Jüngeren. Die Museumsmitarbeiter führen so lebendig und humorvoll, dass viele Gäste ganz spontan erzählen, wie es früher bei ihnen war. Es kommt dann zu einem unterhaltsamen Austausch von Erinnerungen und Eindrücken.

Die Führung beginnt in der Dorfschenke, der damaligen Informationsbörse für die Männer. Hier wurde viel getrunken, geredet und geraucht. Aus der glänzenden Jukebox erklingt die sanfte Stimme von Gerhard Wendland mit dem Lied »Tanze mit mir in den Morgen«. Einige Besucher singen mit. Ein Paar tanzt. Ihre Augen glänzen, weil vergessene Erinnerungen wieder auftauchen. Auf der Theke steht eine Glasvitrine mit hübschen Pralinenschächtelchen. Was hat eine Kneipe mit Süßigkeiten zu tun? Etwas schon! Das war das sogenannte »Drachenfutter«. Hier konnten Männer aus einer Reihe von Schokoladentafeln und Pralinen ein süßes Geschenk für ihre Frauen wählen, um Verzeihung zu erbitten, wenn sie zu spät nach Hause kamen. Das war schlau ausgedacht!

⚐ Der erste Teil der Geschichtsstraße *Rund um den Hochkelberg*, von Kelberg nach Gunderath, läuft durch Uersfeld mit der Pfarrkirche St. Remaclus und dem Basaltbrunnen. www.geschichtsstrasse.de

CAPRICORN NÜRBURGRING GMBH ///
RING°WERK – DAS MOTORSPORT-ERLEBNISMUSEUM ///
NÜRBURGRING BOULEVARD 1 /// **53520 NÜRBURG** ///
0 26 91 / 3 02 66 07 /// **WWW.NUERBURGRING.DE** ///

ADRENALIN PUR FÜR DIE GANZE FAMILIE

Das Motorsport-Erlebnismuseum
ring°werk am Nürburgring

50

Am 18. Juni 1927 wurde der Nürburgring eröffnet. Seit jenem Tag werden hier aus Autos Boliden, aus Piloten Legenden.

Mit dem »weißen Elefanten« kam das Adrenalin an den Nürburgring. So wurde der fünf Meter lange und knapp zwei Tonnen schwere Mercedes Benz Typ S genannt, der beim Eröffnungsrennen siegte. Man kann das originale Fahrzeug in der historischen Ausstellung des *Motorsport-Erlebnismuseums ring°werk* bestaunen, zusammen mit Dutzenden von erstklassigen F1-, DTM- und ITC-Rennwagen. Im Multi-Media Theater *Grüne Hölle* wird die Geschichte des Nürburgrings mit allen Sinnen erlebt. Im duftenden Wald dampfen die Motoren, der Wind weht und es schneit! Der Besucher muss im Erlebnismuseum auf Überraschungen gefasst sein.

Sogar eine bequeme Eifelfahrt mit dem *Nürbus* entwickelt sich bald zu einem aufregenden, rasanten Abenteuer für starke Nerven. Zittern Ihre Hände schon? Schade! Denn Sie wollen mit Ihrer Zapfpistole ganz fix auf die Lichtpunkte zielen, wenn Sie die *Motor Mania* gewinnen möchten. Kräfte sammeln, Ruhe bewahren und Polarisationsbrille aufsetzen, um im 4D-Erlebniskino die erregende Erfahrung zu machen, Mitglied eines Rennteams während des legendären 24-Stunden-Rennens zu werden.

Wie schwierig und akrobatisch die Arbeit in den Formel-1-Boxen tatsächlich werden kann, erfährt man auch bei der *Pit Stop Show*, wo Teamwork gefordert ist, um Rennpneus in Rekordgeschwindigkeit zu wechseln. Die Stoppuhr tickt, die Spannung steigt. Jeder kann mitmachen und es macht einen Riesenspaß! Haben Sie das Zeug zum Champion? Dann klettern Sie ins Fahrerhaus und beweisen Sie es beim *Truck Grand Prix*! Auch die jüngeren Besucher können ihre Geschicklichkeit hinter dem Steuer in der *Formula Junior* zeigen und einen Nürburgring-Führerschein bekommen!

🏁 Längerer Aufenthalt? Eine Reihe von Hotels warten auf Sie! Darunter auch das exklusive *Lindner Congress & Motorsport Hotel* mit Spielcasino und eigenem Hubschrauberlandeplatz.

SCHMETTERLINGSGARTEN EIFALIA /// AM HAMMERWERK 2 ///
53945 AHRHÜTTE /// 01 51 / 18 73 03 55 ///
WWW.EIFALIA-SCHMETTERLINGSGARTEN.DE ///

BUNTE, REIZVOLLE LEICHTIGKEIT

Der Schmetterlingsgarten Eifalia in Ahrhütte

51

Der bezaubernde Schmetterlingsgarten *Eifalia* ist durch Teamarbeit entstanden. Inge Große Meininghaus hat schon ihr ganzes Leben lang Schmetterlinge gesammelt und gezüchtet. Als sie fünf Jahre alt war, interessierte sie sich ausschließlich für einheimische Schmetterlingsarten. Im Lauf der Zeit hat sie die ganze Familie mit ihrer Leidenschaft angesteckt: Ihr jüngerer Sohn fing an, tropische Schmetterlinge zu sammeln. Nachdem sie zu Hause einen kleinen Zuchtgarten dieser prächtigen, bunten Insekten erfolgreich betrieben, kam ihre Tochter auf die Idee, so etwas auch für die Öffentlichkeit zugänglich zu machen.

Heute kann ich hier 35 verschiedene tropische Schmetterlingsarten entdecken. Ein großes Poster im Schmetterlingshaus hilft mir dabei, einige Arten wiederzuerkennen. Das Ganze ist ein durchdachtes Ökosystem, indem sich nicht nur Schmetterlinge, sondern auch Schildkröten, Fische und Vögel befinden. Jedes Wesen hat auch eine praktische Funktion. Die Vögel zum Beispiel fressen die Spinnen, die gefährliche Feinde der Schmetterlinge sind.

Alle Schmetterlingsarten haben bestimmte Vorlieben. Die Edelfalter gehen hauptsächlich an Früchte, die Papilio dagegen nur an Blüten. Einige fressen gerne Mangos, andere Pfirsiche. Es ist unbeschreiblich schön, sich durch das Glashaus zu bewegen, während die Schmetterlinge vorbeiflattern. Man kann sogar das Schlagen ihrer Flügel hören. Es ist ein entspannender Ort. Von Frau Große Meininghaus erfahre ich, dass Schmetterlinge sich nur für ihre Artgenossen interessieren. Ihre Lieblingsart ist der blaue Morphofalter, der tatsächlich wunderschön ist. Wenn man Glück hat, sieht man eine Gruppe von zehn oder zwölf, die hintereinander durch das Haus fliegen. Das sieht märchenhaft aus!

🖾 Im Buch *Tagfalter der Eifel* beschreibt Inge Große Meininghaus Schmetterlingsarten, die in einem Umkreis von zehn Kilometern um den Schmetterlingsgarten leben. Das ist ein toller Wanderbegleiter!

TOURIST-INFORMATION BLANKENHEIM /// AHRSTRASSE 55 – 57 ///
53945 BLANKENHEIM /// 0 24 49 / 8 72 22 ///
WWW.ROEMERVILLABLANKENHEIM.DE ///

EIN ORT ZUM ENTDECKEN

Die Römervilla in Blankenheim

52

Blankenheim ist ein Ort, an dem es viel zu entdecken gibt. Fangen wir mit der Römervilla an. Dies war ein römischer Gutshof, errichtet Mitte des 1. Jahrhunderts nach Christus an einem Abzweig der Agrippa-Straße. Wahrscheinlich war der Besitzer ein verdienter Offizier, der mit einer schönen Lage belohnt wurde. 75 Räume zählte das riesige Gelände, das drei Jahrhunderte bewohnt war, bevor es in Vergessenheit geriet. 1894 wurde die Villa wiederentdeckt und ausgegraben, allerdings mit betrüblichen Konsequenzen: Man verwendete einen Teil ihrer Steine sogar für den Straßenbau! Dank einer Gruppe engagierter Bürger konnte die Villa letztendlich gerettet werden.

Vor ein paar Jahren wurde ihr Säulengang aus Kortenstahl rekonstruiert und der Öffentlichkeit präsentiert. Er ist knapp 60 Meter lang, sechs Meter hoch und fünf Meter breit. Beim Betreten ist das Raumerlebnis ergreifend. Besonders abends, wenn man von der Straße aus zum Gebäude hinaufblickt, ist der beleuchtete Porticus eindrucksvoll. Auch der Grundriss, das Kaltbad (frigidarium) und der Heizungsbereich sind noch zu sehen und helfen dabei, sich ein Bild von der Größe der Villa zu machen. Die Funde aus der Römervilla sind mit anderen römisch-germanischen Stücken im örtlichen Eifelmuseum ausgestellt.

Sehenswert ist auch der *Tiergartentunnel*, eine historische Wasserleitung, die die Blankenheimer Burg mittels ausgehöhlter Holzstämme über Jahrhunderte mit frischem Wasser versorgte. Der höchste Bauschacht ist noch während einer Führung zu besichtigen, und man kann in den zirka 30 Meter langen Tunnelgang einsteigen. Der erste Baumstamm dieses Tunnels, der dendrochronologisch untersucht wurde, ist 1468 gefällt worden. Für die Wanderer lohnt sich auch der 19 Kilometer lange *Tiergartentunnel-Wanderweg*.

🐾 Lust auf die Natur? Durch Blankenheim führen auch der *Ahrsteig*, der *Eifelsteig*, der *Ahr-Radweg* und der *Jakobsweg*. Viel Spaß!

13

Philip Marlowe

DIE PILGERSTÄTTE DER KRIMIFANS
Das Kriminalhaus in Hillesheim

53

Krimifans jeden Alters sollten unbedingt im Kriminalhaus vorbeischauen! Das zweistöckige Fachwerkhaus in Hillesheim beherbergt eine Buchhandlung, das *Sherlock-Café* und das deutsche Kriminalarchiv. Eine enge Wendeltreppe führt unter das Dach zu den Puzzle- und Kriminalspielen. Das Café bietet ein wahres Fest für alle Sinne. Alte Filmplakate, selbst geschaffene Karikaturen und zahlreiche Autogramme erinnern an die großen Namen der Kriminalgeschichte von »Mr. Goldfinger« Gert Fröbe bis zum Geheimagenten Patrick McNee. Sogar die Weihnachtsgrüße von Dame Agatha Christie gehören dazu.

Viele Tische sind als Vitrinen mit Indizien und Asservaten gestaltet, die den Gast in die Fälle der berühmten Schnüffler eintauchen lassen. Erinnerungen werden wach an Nächte, in denen man den Krimi einfach nicht zuklappen konnte: Miss Marples Schlüssel vom Bertrams Hotel oder die schwarze Borgia-Perle, die Sherlock Holmes erst nach langem Tüfteln in der Napoleon-Büste entdeckte, die fast leere Whiskyflasche von Philip Marlowe, der Polizeiausweis von Maigret.

Alles begann mit der gemeinsamen Krimileidenschaft von Monika und Ralf Kramp, die vor zehn Jahren eine Bonner Krimisammlung erwarben. Danach übertraf ihr Bestand alter und neuer Krimis die stolze Zahl von 30.000 Titeln, woraufhin das Ehepaar beschloss, seinen Krimigenuss fortan mit anderen zu teilen.

Handschellen, Giftfläschchen, verrostete Schlüsselbunde und unvermutete Mordwaffen finden sich in jedem Winkel des Lokals. Es fehlt auch nicht die Stradivari-Geige von Sherlock Holmes und der Schnurrbart aus den Filmen von Hercule Poirot!

Und der Gaumen? Der wird hier verwöhnt mit einem Himbeerjoghurt-Sahne-Kuchen, gruselig rot und super lecker! Dazu eine Tasse »Sherlock Kaffee«.

Es lebe Hillesheim als deutsche Krimihauptstadt!

☞ Neben dem Kriminalhaus liegt das *Krimihotel* mit 20 Themenzimmern. Eine vergoldete Schöne und ein Glas Martini heißen die Gäste im James-Bond-Zimmer willkommen. Und im Poirot-Zimmer? www.krimihotel.de

WEGE ZUM VERBRECHEN
Eine Fahrt mit dem Eifel-Krimi-Bus ab Hillesheim

54

Liebe Krimifans,

vor einigen Monaten weckte die Eifel meinen kriminalistischen Spürsinn. Ich las in der Zeitung mit großem Interesse, dass dort Morde und Verbrechen auf der Tagesordnung stünden. Ob das am Wasser liegt? Als mein Neffe Raymond zu Besuch kam, vertraute ich ihm meinen Verdacht an. Er empfahl mir, ein paar Tage in Hillesheim zu verbringen, um die merkwürdigen Vorkommnisse zu untersuchen. Ich zögerte, denn ich verlasse nur ungern St. Mary Mead. Und mein letzter Urlaub im Bertrams Hotel hätte mich beinahe das Leben gekostet. Raymond meinte aber, dass mir eine Luftveränderung gut tun würde, und erklärte sich bereit, die Reise zu finanzieren. Er ist immer so großzügig!

So reiste ich nach Deutschland und stieg im *Krimihotel* ab. Obwohl der Name beunruhigend klang, war das Personal die Freundlichkeit in Person. Man hat mir ein Zimmer gegeben, das genauso eingerichtet war, wie ich es mir wünschte. Es gab sogar Stricknadeln und Wollknäuel!

Am folgenden Tag nahm ich den *Eifel-Krimi-Bus*, um die Umgebung zu erkunden. Viele Gäste reisten mit, die meine Leidenschaft für Krimis teilten. Unsere erfahrene Reiseleiterin stellte uns Krimiautoren wie Jacques Berndorf und Ralf Kramp vor. Sie las uns spannende Fälle aus ihren Büchern vor, während der Bus an unterschiedlichen »Tatorten« anhielt. Es war aufregend, die echten Schauplätze zu sehen! Und bald war auch unser kriminalistisches Geschick gefragt. Wir machten uns auf Spurensuche und sammelten Indizien. Raten Sie mal, wer den Fall gelöst hat. »Elementar, mein lieber Watson«, würde der bekannte Sherlock Holmes sagen.

Viel Mordspaß mit dem Krimibus!

Ihre Jane Marple

P.S.: Nächstes Mal nehme ich meine Freundin Dolly Bantry mit. Nach der Toten in ihrer Bibliothek hat sie auch eine Spürnase entwickelt!

✍ Verschiedene *Krimiwanderungen* werden rund um die Krimihauptstadt Hillesheim angeboten, um weitere Krimifährten zu Fuß aufzuspüren.

VIEL SCHÖNER ALS IM MÄRCHEN

Der Adler- und Wolfspark Kasselburg in Pelm

55

Der Adler- und Wolfspark Kasselburg bietet drei Höhepunkte: die Wölfe, die Greifvögel und die Burg.

Hier gibt es Polarwölfe und kanadische Timberwölfe, die in freien Wildgehegen leben. Es sind wilde Tiere, keine von Hand aufgezogenen Wölfe. Die Ersteren sind ein Paar und leben in einem drei Hektar großen Gehege. Sie haben ein wunderbares, dichtes Fell und kluge, schwarze Augen. Dank ihrer hellen Farbe kann man sie relativ gut im dunklen Wald sichten. Da sie seit ein paar Jahren im Park leben, besteht die Hoffnung, dass sie sich bald vermehren werden. Die Timberwölfe dagegen sind hier schon lange zu Hause und bekommen fast jährlich Nachwuchs.

Das Rudel auf dem zehn Hektar großen Gelände umfasst etwa zehn Tiere. Ihre Erscheinung ist den Hunden ähnlicher, und sie sind kleiner als die Polarwölfe. Trotzdem faszinieren sie genauso. Der Glanz auf ihrem dunklen Fell wirkt wie eine Kupferradierung. Jedes Rudel hat eine bestimmte Rangordnung. Es wird von der Alphawölfin geführt mit der Unterstützung des Alpharüden. Nur dieses Paar bekommt Nachwuchs, weil das ganze Rudel sich an der Aufzucht der jungen Wölfe beteiligen muss. Im Park versucht man, so wenig wie möglich die Struktur des Rudels zu beeinflussen. Das ist sehr lobenswert!

Nach jeder Flugvorführung der Greifvögel wird ein Wolfsrudel gefüttert. Dies ist eine gute Gelegenheit, die Tiere zu beobachten, da sie sich sonst in dem großen Areal gut verstecken können. Anschließend kann man selbst eine leckere Pause im Café *Forsthaus Kasselburg* machen.

Regelmäßig werden auch »Wolfsnächte« veranstaltet. Sie finden nach der Parköffnungszeit und in der Regel in Vollmondnächten statt. Auf der Burg wird dann gegrillt mit einer einzigartigen musikalischen Begleitung: dem Geheul der Wölfe!

☞ Mit *EifelAdventures* kann man in den Bäumen träumen. Unterschiedliche Baumzelte für unvergessliche Nächte im Wald. www.eifeladventures.de

GEROLSTEINER BRUNNEN GMBH & CO. KG /// BESUCHERZENTRUM ///
VULKANRING /// 54567 GEROLSTEIN /// 0 65 91 / 1 42 38 ///
WWW.GEROLSTEINER.COM ///

DIESES WASSER TRÄGT DEN STERN

Das Gerolsteiner Besucherzentrum

56

Welches Geheimnis steckt hinter dem beliebtesten Mineralwasser Deutschlands? Um es herauszufinden, haben wir beim Gerolsteiner Besucherzentrum vorbeigeschaut und … gestaunt!

Fangen wir mit den Mineralwasserquellen an. Es sind über 20 und sie befinden sich, wie der Name schon verrät, in Gerolstein, im Herzen der Vulkaneifel.

Das Besondere an diesem Wasser ist die natürliche Kohlensäure. Und woher kommt sie? Hunderte Meter unter der Erde setzt das kalte Magma die Kohlensäure frei, die ihrerseits aus dem Erdinneren nach oben steigt. Bei Regen sickern Millionen Tropfen durch die Gesteinsschichten. Auf diesem langen Weg, der zwischen 50 und 100 Jahre dauert, werden sie natürlich filtriert. Sobald sich Regenwasser und Kohlensäure treffen, lösen sich die Mineralien aus dem Vulkangestein. Ein Liter Gerolsteiner Sprudel enthält 2.500 Milligramm Mineralien und Spurenelemente! Das entspricht für Calcium und Magnesium einem Drittel beziehungsweise einem Viertel des Tagesbedarfs. Beeindruckt? Es kommt noch besser:

Da dieses Wasser ein natürliches Produkt ist, darf nur der Gehalt an Kohlensäure je nach Geschmack verändert werden, das heißt also Sprudelwasser oder Medium. Sonst nichts.

Es war der Bergwerksdirektor Wilhelm Castendyck, der 1888 hier kohlensäurehaltiges Wasser entdeckte und diese Erfolgsgeschichte in Gang brachte. Heute bohrt man bis zu 250 Meter tief, um das Wasser zu erreichen, das über Edelstahlpipelines in den Vulkanring heraufgepumpt wird. Die schnellste Füllmaschine füllt fast 1.000 Glasflaschen in einer Minute. Die Flaschen stellen sich in einer langen Reihe auf und defilieren wie Tausende von glänzenden Zinnsoldaten, um Verschluss, Frische-Siegel und Stern-Etikett verliehen zu bekommen. Wir schauen ihnen dabei zu und kosten anschließend die verschiedenen Nuancen.

✍ Führungen werden während der Woche täglich angeboten. Da sie kostenlos sind, ist es ratsam, sich im Voraus beim Besucherzentrum anzumelden.

VILLA SARABODIS.

Erbaut anno d.VIII Imp. Augustus. Zerstört 450.

15 Aug. 762. Pipin u. Bertrada. Abtei Prümm.

Karl d. Grosse. Otto d. Grosse. Barbarossa.

1904. Ev. Kirchenbau-Verein Berlin. 1913.

Renov. 13 Sept. 1908 Wilhelm II. I. R. 20 Oct. 1911.

ERLÖSERKIRCHE UND MUSEUM DER VILLA SARABODIS ///
SARRESDORFER STRASSE 19 /// 54568 GEROLSTEIN ///
BESICHTIGUNG NUR MIT FÜHRUNG:
TOURIST-INFORMATION GEROLSTEIN /// 0 65 91 / 94 99 10 ///
WWW.GEROLSTEINER-LAND.DE ///

EIN TOR FÜR KAISER WILHELM II.

Die Erlöserkirche und die Villa Sarabodis in Gerolstein

57

Um 1900 spornte Freiherr von Mirbach den Evangelischen Kirchenbauverein zu Berlin an, für sein hundertstes und letztes Projekt eine Kirche mitten in der streng katholischen Eifel zu bauen.

Kurz davor hatte man beim Ausbau der Bahnlinie entlang der Kyll die Ruinen einer römischen Villa aus dem 1. Jahrhundert nach Christus entdeckt. Fast ein Geschenk Gottes, denn in einer so historisch geprägten Umgebung konnte man sogar auf die Unterstützung von Kaiser Wilhelm II. zählen.

Der imposante Bau wurde in nur drei Jahren fertig. Das Ergebnis ist ein Schmuckstück des neoromanischen Stils: die Erlöserkirche mit ihren 1.188 Quadratmetern Mosaiken aus rund 24 Millionen farbigen Steinen! Die Vorhalle zeigt Kaiser Wilhelm II., seine Gemahlin, seinen Vater und seinen Onkel in Mosaikmedaillons unter einem blauen Deckenmosaik nach dem Vorbild des Mausoleums der Galla Placidia in Ravenna. Im Inneren tragen acht mächtige dunkelrote Granitsäulen die atemberaubende Kuppel. Hier wird der Kaiser in Begleitung berühmter Herrscher wie Karl dem Großen, König Pippin und Barbarossa sowie kirchlicher Persönlichkeiten wie Martin Luther und Melanchthon verewigt.

Die Kirche wurde am 15. Oktober 1913 vom Kaiser eingeweiht, der auch das nahe Museum besuchte, wo eine prächtige Sammlung römischer Münzen, Keramikgefäße, Glasfläschchen und Bronzegeräte aus der Villa und der Umgebung ausgestellt sind; darunter die Gebeine eines der 27 geheimnisvollen »Riesen« der Villa Sarabodis.

In Verlegenheit geriet man aber, weil seine Majestät beliebten, stets durch Tore zu schreiten und die Villa aus ausgegrabenen Mauerstümpfen bestand. Was nun? Ein genialer Geistesblitz rettete die Lage: Am Eingang der Villa wurde auf die Schnelle eine Mauer errichtet, und der Kaiser schritt zufrieden unter dem Torbogen hindurch!

ℰ   Die jüngere »Schwester« der Erlöserkirche befindet sich einen Katzensprung von hier im benachbarten Wiesbaum-Mirbach. Sie wurde 1902 vom Freiherren von Mirbach erbaut. Sehr sehenswert!

ST. SALVATOR BASILIKA PRÜM /// **KLOSTERHOF** /// **54595 PRÜM** ///
WWW.BASILIKA-PRUEM.DE /// **ANMELDUNG ZUR KIRCHENFÜHRUNG:**
KATHOLISCHE KIRCHENGEMEINDE /// **0 65 51 / 14 74 60** ///

FINGER WEG VON DEN KLEIDERN DES HERRN!

Die St. Salvator Basilika in Prüm

58

Die schlichte Barockfassade der St. Salvator Basilika in Prüm steht in großem Kontrast zum prachtvollen Abteigebäude nebenan, das vom berühmten Balthasar Neumann entworfen wurde. Dennoch spielte die Prümer Kirche für Jahrhunderte eine wichtige Rolle, nicht nur für die Entwicklung der Stadt. Das Kloster, das 721 von der Urgroßmutter Karls des Großen, der Edlen Bertrada, und ihrem Sohn Charibert gegründet wurde, befand sich dort, wo heute der Friedhof liegt. Nachdem König Pippin III. eine Enkelin von Bertrada geheiratet hatte, wiederholte er im Jahre 752 die Gründung des Klosters und besiedelte es mit Benediktinern. Selbstverständlich gedieh das Kloster dann zu einem der berühmtesten in ganz Europa, weil hier die Karolinger zu Hause waren. Die Kirche wurde die »Goldene« genannt, so groß waren ihre Schätze. 762 schenkte Papst Zacharias Pippin sogar einen Teil der Sandalen Christi, wodurch Kloster und Kirche ihre Namen bekamen: Sankt Salvator.

Dort, wo die alte romanische Kirche Anfang des 18. Jahrhunderts abgerissen wurde, baute man eine neue, die noch heute zu sehen ist.

Bei einer Führung können viele Prunkstücke aus der Nähe betrachtet werden. Das zweireihige Chorgestühl ist ein echtes Meisterwerk aus dem Jahr 1731. Daneben liegt der Marmorsarg von Kaiser Lothar I., dem Enkel Karls des Großen.

In der Drei-Ärzte-Kapelle befindet sich ein interessanter spätgotischer Passionsaltar. Bei näherer Betrachtung kann man eine witzige, unerwartete Szene zwischen der unteren Figurengruppe auf der rechten Seite entdecken. Hier wird eine besonders heftige Verteilung der Kleider Christi dargestellt. Während zwei Knechte wie wild mit Kneifen und Schlagen um das Stück Stoff raufen, greift ein Dritter danach, um damit zu verschwinden.

🍴   Auf dem Hahnplatz vor der Basilika gibt es kulinarisch viel zu entdecken: Regionalküche im Restaurant *Zur alten Abtei*, Kaffee und Kuchen im *Opulenzia* und erstklassiges Eis im *Stella d'Oro*.

TRADITIONELLE SCHÖNECKER EIERLAGE ///
VON-HERSEL-STRASSE /// 54614 SCHÖNECKEN ///
WWW.EIERLAGE.DE ///

EI(ER)FRIGE JUNGGESELLEN!

Die Eierlage in Schönecken

59

Die kleine Gemeinde Schönecken zählt knapp 1.500 Einwohner. Am Ostermontag trifft man die meisten davon dicht gedrängt zwischen Touristen und Neugierigen der Nachbarorte entlang der Von-Hersel-Straße, um ein außerordentliches Fest zu feiern: die Eierlage!

Schon 1764 wurde dieser spannende Wettkampf dokumentiert, aber vieles lässt vermuten, dass der Brauch deutlich älter ist. Seit über 100 Jahren plant und gestaltet das Fest die *Junggesellensodalität Schönecken*, die – wie schon das lateinische Wort »sodalitas« verrät – eine Junggesellenbruderschaft ist, in der Kameradschaft, Freundschaft und kirchliche Tradition eine wichtige Rolle spielen.

Bei der Eierlage sind zwei Mitglieder der Sodalität, der »Raffer« und der »Läufer«, die unbestrittenen Helden, die sich eine schwierige Herausforderung aufbürden. Der Raffer wird versuchen 104 rohe Eier so schnell wie möglich einzusammeln. Ein Kinderspiel? Von wegen! Denn diese befinden sich nicht nur in einer Elle (62,5 Zentimeter) Abstand voneinander auf einer Strecke von 65 Metern, sondern jedes Ei muss einzeln gesammelt und in einen Korb hineingelegt werden. Fazit: Laufen, stoppen, sich nach vorne bücken, Ei einsammeln, wieder aufrichten und zurück zum Korb laufen. Und das 104 Mal. Höchst anstrengend! Aber der Läufer hat es auch nicht einfach. Er muss 7,6 Kilometer von Schönecken zum Nachbardorf hin und zurück laufen, einen Höhenunterschied von 122 Metern bewältigen und sich vom Bürgermeister sogar ein Dokument stempeln lassen. Das Goldene Buch der Sodalität belegt, wie vergleichbar schwierig beide Aufgaben sind, weil die Zahl der Sieger bei Raffern und Läufern fast identisch ist. »Es ist eine Ehre, an der Eierlage teilzunehmen«, erklärt stolz der Hauptmann, der sie 2001 gewonnen hat. Na dann … weiter so, bis zum letzten Ei!

☞ Nach dem Lauf geht der Spaß mit einem bunten Programm von Veranstaltungen und Konzerten in Schönecken weiter.

HONIG AUS DER EIFEL /// HELTENBERGSTRASSE 2 /// 54570 NEROTH /// 0 65 91 / 77 37 (ANMELDUNG ERFORDERLICH) /// WWW.EIFELIMKER.DE ///

HONIG, GOLD AUS DER EIFEL

Die Imkerei Körsten in Neroth

60

Die Imkerei ist eine uralte Kunst. Der Mensch hat einen natürlichen Hang zur Süße, ausgeprägter als bei vielen Tieren. Da wir aber Zucker erst seit ungefähr 150 Jahren kennen, wurde vorher hauptsächlich Honig verspeist. Er war in der Vergangenheit ein so wichtiges, kostbares Gut, dass man meinte, er käme direkt von Gott.

Dabei sind die Bienen deutlich älter als die Menschen. Sie bewohnen die Erde seit zirka 50 Millionen Jahren und sie sind schon den Dinosauriern um die Ohren gesummt.

Eine Führung in der Imkerei Thomas Körsten ist eine eindrucksvolle Reise rund um die Welt des Honigs von der Steinzeit bis in die Gegenwart. Mit offenem Mund staunt man, wenn er von den alten, lebensgefährlichen Techniken am Fuße des Himalaya spricht, die noch heute verwendet werden, um sich Honig zu verschaffen. Im mittelalterlichen Europa hat der Zeidler den Honig in den Wäldern gesammelt. Sein Beruf war sehr angesehen, denn der Tauschwert für ein Pfund Bienenwachs entsprach damals einem fetten Schwein.

Imkermeister Körsten verfügt über langjährige Erfahrung mit Bienen. Er hat sogar eine Imkerei mit 1.000 Bienenvölkern auf der Insel Samoa und eine auf den Fidschi-Inseln aufgebaut. Heute setzt er ganz auf Qualität und erntet von 220 Bienenvölkern, die an etwa 22 verschiedenen Standorten aufgestellt sind. Und das ist das Geheimnis seines köstlichen Honigs, dessen Aroma von Ort zu Ort variiert. Er stellt einen Blütenhonig aus der Eifel her, der unglaublich aromatisch ist. Sein Rapshonig ist sehr beliebt bei den Kindern wegen der markanten Süße. Der Waldhonig trifft meistens den Geschmack der Männer, weil er kräftiger ist und tatsächlich an duftende Wälder erinnert. Hier gibt es auch einen zarten Sommerblütenhonig mit Noten von Brombeeren und Weißklee. Unbedingt probieren!

🐁 Nicht weit von der Imkerei liegt das *Mausefallenmuseum* und das Café-Restaurant *Mausefalle*, wo die größte Mausefalle der Welt wartet. Irre! www.mausefallendorf.de/museum/ www.mausefalle-neroth.de

EIN KORB MIT UNVERGLEICHLICHER AUSSICHT

Die Fahrt mit Eifel-Ballooning in Daun

61

1783 stellten die Brüder Montgolfier dem König Ludwig XVI. und seinem Hof in Versailles ihre bahnbrechende Erfindung vor: Einen Heißluftballon, der frei durch die Luft schwebte. Das Experiment erstaunte das vornehme Publikum. Und so träumte auch ich seit Jahren von einer Reise mit dem ältesten Luftfahrzeug der Geschichte. Doch ich zögerte. Denn, wenn man in über 2.000 Meter Höhe in einem Korb durch den Himmel gleitet, wird man pingelig. Aber meine Zweifel verfliegen völlig, als ich Joachim Jung kennenlerne. Der ausgebildete Ballonpilot hat seit 1994 mehr als 1.400 Fahrten über ganz Europa gemacht und einen beneidenswerten Schatz an Erfahrungen gesammelt.

Endlich soll sich mein Traum also erfüllen: Wir treffen uns am vereinbarten Ort mit den anderen Mitfahrern. Alle packen mit an. Dadurch begreifen wir, wie ein Heißluftballon tatsächlich funktioniert. Der noch leere Ballon wird auf der Wiese ausgerollt. Zwei Ventilatoren füllen die Ballonhülle mit kalter Luft, die dann von drei Brennern erwärmt wird. Während die Hülle sich langsam erhebt, halten 24 kräftige Stahlseile sie am Korb fest, der sich mit ihr aufrichtet. Fahrbereit messen Ballon und Korb 30 beeindruckende Meter.

Nach einer halben Stunde klettern wir in den Korb hinein und los geht es! Schnell gewinnen wir an Höhe. Die Aussicht unter uns ist atemberaubend! Der Ballon spiegelt sich im dunklen Wasser der Maare. Wir schweben über Herbstwälder, die ihre prachtvollen Farben entfalten. Der Blick verliert sich in den Tausenden Nuancen der Natur. Es ist weder windig noch kalt. Die hektischen Gedanken des Alltages bleiben am Boden zurück und wir genießen ganz die Stille und das prächtige Panorama. Die Welt unter uns scheint sich langsamer zu bewegen, während diese wunderschöne Fahrt unsere Seelen trägt.

✍ Nach der Fahrt wird jeder Mitfahrer in einer feierlichen Zeremonie zum »Adligen der Ballonfahrerei« getauft. Bis zu sechs Personen dürfen in den Korb, auch Kinder ab 1,30 Meter Größe.

GENUSS MIT GUTEM GEWISSEN
Die Dauner Kaffeerösterei

62

Für Heike und Hans Richarz-Hilberg ist Kaffee kein trockenes Business. Als wir den Lebensmitteltechnologen und seine Frau trafen, hatten sie gerade Bilder der neuen Ernte von Bauer Tong aus dem Bergdorf Khun Chang Khian in Thailand bekommen. Tong ist einer von vielen sorgfältig ausgewählten Plantagenbauern, mit denen die Inhaber der Dauner Kaffeerösterei arbeiten. In ihrem Kaffee steckt nicht nur eine hervorragende Qualität, sondern auch eine mitreißende Leidenschaft und großer Respekt für die Farmer und ihre Produkte. Sie bauen persönliche Bindungen zu ihren Lieferanten auf. Deshalb heißt ihr Marke *Talhão*, was auf Portugiesisch Feld, Parzelle bedeutet.

Regelmäßig reist das Ehepaar nach Brasilien, Ecuador, Guatemala, Indien, Mexiko oder Thailand, um ihre Partner vor Ort zu treffen. Dort wird vom Kaffee aber auch über soziale Projekte wie Kanalisation oder Schulbau gesprochen, um die Bauern und ihre Familien in ihren Dörfern zu unterstützen.

Diese Liebe und Aufmerksamkeit spiegelt sich in ihrem hochwertigen Kaffee und dessen feinen Aromen von Zitrusfrüchten bis Haselnuss oder Schokolade wider. Wie viele Kaffeesorten es gibt, welche Farbe die Kaffeekirschen haben und wie sie geerntet werden, erfährt man auf dem *Kaffeesteig*. Dieser Informationspfad führt mit Schautafeln, Ausstellungsstücken und Videos durch das dreistöckige Haus.

Das Highlight bleibt aber das Kaffeerösten. Zweimal pro Woche wird im Erdgeschoss der Rösterei geröstet. Jeder kann zugucken und das Wasser im Mund zusammenlaufen fühlen, denn es riecht prächtig! Im Café des Hauses kann man den frisch gemahlenen Kaffee genießen, aber auch Feinkost, Schokoladen und Spirituosen kaufen. Und gegen die sommerliche Hitze hilft die Kaffeebrause mit hausgemachtem Holunderblütensirup!

☙ Die leeren Kaffeesäcke der Partnerplantagen werden verkauft. Der Ertrag kommt den sozialen Stammprojekten der Dauner Kaffeerösterei zugute. Machen Sie mit!

UNZERSTÖRTE, EINZIGARTIGE PRACHT
Die Burg Eltz in Wierschem

63

Auf den ersten Blick sorgen die stattliche Größe und verschachtelte Architektur von Burg Eltz für Verwirrung und Faszination. Strategisch errichtet auf einem hohen Felsen mitten im Elztal und umgeben von dichten Wäldern, wuchs die Burg wie ein Kristall zum Himmel. Ihre einzigartige Struktur ist eng mit ihrer Geschichte verbunden. 1157 bezieht sich eine Urkunde von Kaiser Friedrich I. Barbarossa auf Rudolfus de Elze, den ersten nachweisbaren Bewohner der Burg. Aber schon 1268 gehörte die Burg drei Linien der Familie Eltz, die sie gleichzeitig als Ganerben bewohnten. Die Wohngemeinschaft wurde bis ins kleinste Detail geregelt, um Streitereien zu vermeiden. Jeder Zentimeter auf dem Felsplateau war kostbar. Deshalb strebte jede Familie danach, in die Höhe zu bauen. Außerdem wurde jede Wohnung prachtvoll eingerichtet, um die Nachbarn beim Besuch in Erstaunen zu versetzen.

Da die Burg durch die Jahrhunderte von Fehden und Kriegen verschont blieb, kennt die wunderbare Innenausstattung kaum Vergleichbares in der Region.

Im Rittersaal versammelten sich die Familienmitglieder, um frei miteinander zu sprechen. Drei Narrenmasken an den Wänden erinnern an die Redefreiheit, aber die Rose über der Tür mahnte zur Verschwiegenheit beim Verlassen des Saals.

Höchstwahrscheinlich war der schöne Fahnensaal ursprünglich eine Kapelle. Der Erker ist nach Osten orientiert, und zwei Engel tragen seinen Eingangsbogen. Das raffinierte Glasgemälde zeigt den heiligen Georg im Kampf mit dem Drachen.

Die Wandmalereien mit Figuren, Blüten und Ranken im Schlafgemach, Schreib- und Ankleidezimmer sind atemberaubend.

Die Schatzkammer stellt Schmuckstücke und Kostbarkeiten aus.

Eine Burgführung lohnt sich auch für die jüngeren Besucher, denn das engagierte Team der Burg hilft dabei, dieses Denkmal zu entdecken!

✍ Am Weltkindertag feiert Burg Eltz mit besonderen Kinderführungen und Veranstaltungen.

NATURFREIBAD PULVERMAAR /// AUF DER MAARHÖHE ///
VULKANSTRASSE O. NR. /// 54558 GILLENFELD /// 0 65 73 / 3 33 ///
WWW.FERIENDORF-PULVERMAAR.DE/NATURFREIBAD-PULVERMAAR ///

SCHWIMMEN AUF DEM VULKAN
Das Naturfreibad Pulvermaar bei Gillenfeld

64

Die junge Arabella kann schwimmen wie eine Nixe. Aber hier oben, auf der breiten Wasserrutsche des Naturfreibades im Pulvermaar kräuseln sich doch leichte Zweifel um ihre blauen Augen. Eigentlich ist die Rutsche gar nicht so hoch. Aber der Maarsee, der ist tief, sehr tief. »Mindestens 71 Meter tief«, hat der erfahrene Bademeister und Pächter erzählt und der muss es schließlich wissen. In der Mitte des Sees blubbern ab und zu sogar kleine Blasen herauf. »Das ist der Vulkanismus unter dem See«, erklärt er. Arabella beruhigt das überhaupt nicht.

Zwei alte Hasen der Wasserrutsche von zirka acht oder neun Jahren warten geduldig und schweigsam. Sie wissen aus eigener Erfahrung: Das Schwimmen im Pulvermaar ist nichts für Weicheier! 71 Meter Wassertiefe sind einfach sehr tief, da kann kein künstliches Schwimmbad mithalten. Klar, es gibt oben auch das türkisfarbene, rechteckige Schwimmbecken mit der langweiligen Treppe und dem Geländer. Aber für so harte Knilche, pardon, Kerle wie die beiden ist das nichts mehr. Arabella nimmt ihren ganzen Mut zusammen, blickt noch einmal fest auf die glatte, dunkle Oberfläche des kreisrunden Sees und die von der Abendsonne beschienenen, hohen Bäume des umliegenden stillen Waldes – und stößt sich ab.

Am unteren Ende der Rutsche gibt es einen leichten Platsch, kleine Wellen breiten sich kreisförmig aus und werden nach einiger Zeit ihren Weg zum 700 Meter entfernten, gegenüberliegenden Ufer finden. Die beiden alten Hasen nicken anerkennend. Dann taucht Arabellas Kopf wieder aus dem Wasser auf und strahlt vor Glück und Selbstbehauptung. Nichts wie zurück ans Ufer und gleich nochmal! Das war ja kinderleicht! Die beiden Gentlemen müssen sich beeilen, denn jetzt drängelt Arabella von hinten und will sofort wieder rutschen.

✍ »Eltern, die selbst im Pulvermaar schwimmen gelernt haben, bringen später ihre Kinder hierher«, erzählt der Pächter. Als Kind hat auch er hier schwimmen gelernt.

BERÜHMT BIS BERLIN
Die Ziegenkäserei Vulkanhof in Gillenfeld

65

Wer über Ziegenkäse die Nase rümpft, war noch nicht in der *Ziegenkäserei Vulkanhof* und hat sicher etwas verpasst.

Der Vulkanhof besteht seit Anfang der 1960er Jahre in Gillenfeld und wurde damals traditionell mit Kühen, Ochsen und Schweinen betrieben. 1985 übernahm Inge Thommes-Burbach den Hof von ihren Eltern und trennte sich langsam vom Ackerbau. Ihre älteste Tochter Manuela ist Landwirtschaftsmeisterin und half ihr dabei, dem Betrieb 1995 eine untypische, aber erfolgreiche Richtung zu geben. Von da an spielte ein kleines, bärtiges Tier die Hauptrolle auf ihrem Hof: die weiße deutsche Edelziege.

Heute leben ungefähr 200 Ziegen im weiträumigen Stall und werden zweimal täglich gemolken, um den leckeren Käse herzustellen. Während einer Besichtigung erkennt man sofort, wie gut es den Tieren hier geht. Sie käuen Heu wieder, das auf den Vulkanhof-Wiesen wächst, und wirken völlig ruhig. Oft kommen Besucher hierher und beobachten sie stundenlang, bloß um vom stressigen, städtischen Alltag herunterzukommen.

In der Käserei wird täglich Käse hergestellt. Dieser Ort ist fast so sauber wie ein Operationssaal, denn wie auf das Wohlbefinden der Tiere so achtet man auch auf die Qualität der verschiedenen Käse. Die Käse vom Vulkanhof sind ein Naturprodukt, frei von Geschmacksverstärkern, Zusatzstoffen und Farbstoffen. Sie werden von Hand ausgeschöpft und gedreht. Aus drei Ziegenkäsearten – Frischkäse, Weichkäse und Schnittkäse – entstehen zwischen 40 und 50 verschiedene Abwandlungen. Der Frischkäse wird zum Beispiel mit Blüten und Kräutern bestreut. Die *Eifelmilde mit Rotschmiere und Abteibier* ist mit Bier aus der Abtei Himmerod (s. S. 155) zubereitet. Fantastisch schmeckt auch die *Eifelwürze* mit Moselrotwein und ausgeprägten Naturrinden.

Lust auf Süßes? Ziegenkäsepralinen!

Lernort Bauernhof ist ein spannendes Projekt für Schüler ab der 2. Klasse, um landwirtschaftliche Betriebe und Lebensmittel kennenzulernen. Der Vulkanhof macht mit! www.lernort-bauernhof-rlp.de

EIN EINZIGARTIGER KLANG

Die Eifeler Glockengießerei in Brockscheid

66

Heutzutage werden Kirchenglocken in Deutschland nur noch von einer Handvoll Betriebe gegossen. Unter diesen ist die Eifeler Glockengießerei etwas Besonderes. Sie ist die einzige Gießerei, die von einer Glockengießermeisterin geführt wird: Cornelia Mark-Maas.

Seit 1620 übt die Familie Mark diesen Beruf aus. Damals waren Glockengießer Wandergesellen, die von Ort zu Ort, von Kirche zu Kirche zogen. 1840 ließ sich die Familie in Brockscheid nieder, denn hier sind zwei verschiedene Sorten von Lehm zu finden, und davon braucht man viel für die Herstellung der Glocken.

Die Glockengießermeisterin führt den Betrieb heute in der sechsten Generation weiter. Ihre Glocken findet man sogar in Indien oder Sri Lanka. Obwohl sie die Geheimnisse dieser Kunst von ihrem Vater erlernt hatte, musste sie ein Meisterstück herstellen, das von ihren Konkurrenten geprüft und bestätigt wurde. Diese Glocke kann man im Laden hinter der Gießerei bewundern.

Es versteht sich von selbst, dass Glockengießen eine harte Arbeit ist. Aber wie hart erfährt man erst durch eine Führung. Es werden alle Schritte des Herstellungsprozesses gezeigt und erklärt, warum dieser bis zu drei Monate dauert.

Kirchenglocken sind Musikinstrumente. Aber – im Gegensatz zu einem Klavier oder einer Geige – können Glocken nach der Entstehung nicht gestimmt werden, ihren Ton kann man nicht verbessern. Es handelt sich um Präzisionsarbeit, weil der Durchmesser der Glocke, ihre Höhe, die Wandstärke und sogar die Bilder und Verzierungen auf ihrer Oberfläche den Ton beeinflussen und dadurch das gesamte Ergebnis. Deshalb sind die Berechnungen und die Zeichnungen der Glockengießer ein streng gehütetes Geheimnis, das nur innerhalb der Familie von Generation zu Generation weitergegeben wird. Das ist hoch spannend!

✍ Nach der Führung kann man sich im Café-Restaurant *Glockenstube* neben der Glockengießerei stärken. Es gibt sogar einen »Toast-Glockengießer« und einen »Vulkan-Teller«. Gemütlich und schmackhaft!

BURGVERWALTUNG NIEDERBURG ///
NIEDERMANDERSCHEIDER STRASSE 1 ///
54531 MANDERSCHEID /// 0 65 72 / 7 37 ///
WWW.BURGENFEST.INFO ///

FEINDLICHE BURGEN UND TAPFERE RITTER

Das historische Burgenfest in Manderscheid

Im Vergleich zu den dicht bewaldeten Burghügeln von Manderscheid ist Sherwood-Forest nur eine Baumschule. In dieser herrlichen Umgebung bildet die Lieser eine natürliche Grenze zwischen der Oberburg auf dem Gipfel und der Niederburg unten im Tal, die für Jahrhunderte Feinde waren und sich keine Gelegenheit entgehen ließen, um ihre verhassten Nachbarn in Schwierigkeiten zu bringen.

Es war die hohe Zeit der Sagen von furchtlosen Rittern, anmutigen Burgfräulein und verschlagenen Widersachern. Als Hommage darauf werden jedes Jahr am letzten Augustwochenende die Heldentaten des Grafen von Manderscheid und seiner engen Vertrauten beim historischen Burgenfest zu Füßen der Niederburg wiederbelebt.

Tapfere Ritter in glänzenden Rüstungen stürzen sich im Galopp auf die bösen Rivalen und messen sich in atemberaubenden Duellen. Die Schwerter funkeln, die Lanzen zersplittern an den bunten Schilden und die Helme stoßen gegeneinander, um die Burg zu verteidigen, das Volk zu retten und die Herzen der graziösen Hofdamen zu gewinnen.

Dazu kommen erfahrene Falkner, lustige Bänkelsänger und geschickte Jongleure, die das Publikum für zwei Tage von morgens bis spät abends fabelhaft unterhalten. Für die jüngeren Besucher gibt es sogar ein beliebtes Puppentheater. Und für den Gaumen? Von gewürzten Mandeln bis zu Lebens- und Liebeselixieren werden Kitzel für alle Sinne gereicht.

Fast die ganze Stadt nimmt an dem Fest teil. Die meisten erscheinen in sorgfältig gewählter mittelalterlicher Verkleidung, bereichern dadurch das Burgenambiente und tragen zum Erfolg bei.

Die Zuschauer werden ihren Spaß haben: Denn das Gute gewinnt immer und der Graf von Manderscheid erweist sich nach dem spektakulären Kampf als der Bessere!

Mehr über die Geschichte der Grafen von Manderscheid erfährt man im Manderscheider Heimatmuseum. Es befindet sich gegenüber dem Rathaus und stellt zahlreiche Dokumente und Exponate aus.

BEI KERZENLICHT

Die Kerzen- und Wachsmanufaktur Moll in Manderscheid

Kaum jemand kommt auf die Idee, einer elektrischen Lampe beim Leuchten zuzugucken. Aber einer Kerze? Ganz automatisch werden unsere Augen von ihrem Licht angezogen, sie schweifen immer wieder hin, neugierig und fasziniert.

Kerzen können Stimmungen beeinflussen, sie schenken einem Essen ein romantisches Flair, einem Ort Gemütlichkeit. Die Flamme flackert und verbreitet ein warmes Licht. Dass die Kerze sich letztlich für uns verzehrt, hat etwas Lebendiges, Mystisches an sich.

In der Manderscheider Kerzen- und Wachsmanufaktur wird mit ungefähr 15 verschiedenen Sorten Wachs gearbeitet. Wachsziehermeister Michael Moll erklärt während der Führung, welche wichtige Rolle das Zusammenspiel von Docht und Wachs für eine gute Kerze spielt. Auch die Viskosität oder die Härte des Wachses müssen berücksichtigt werden, denn jede Kerze wird hier von Hand modelliert. Deshalb heißt es »Manufaktur«.

Seine neueste Kreation, der »Tanzende Engel«, ist schon ein großer Erfolg. Es handelt sich um eine schlichte, glatte und schneeweiße Kerze, die fast wie ein Propeller aussieht. Wenn sie angezündet wird, entfaltet sie ihren ganzen Charme. Sie lässt die Ärmchen nach oben stehen, die sich bei der Wärme bewegen und verschiedene Posen annehmen. Dies ist kein schneller Effekt, sondern er entwickelt sich erst mit der Zeit. Höchst faszinierend!

Bei den Workshops lernt man Kerzen herzustellen, zu gießen und zu verzieren.

Die uralte Geschichte der Vulkaneifel spiegelt sich in den »Lavakerzen« aus Bienenwachs in einem Topf aus gemahlenen und gesiebten Lava-Aschen. Auch viele der selbst gemachten Seifen aus rein pflanzlichem Glyzerin und Olivenöl haben einen Bezug zur Eifel, wie die Ginsterseife, die schön und cremig auf der Haut wirkt.

Diese Manufaktur hat viel Interessantes anzubieten!

Die Jugendherberge Manderscheid hält für jedes Alter gemütliche Übernachtungsmöglichkeiten, Freizeit- und Erlebnisprogramme im Herzen der Eifel bereit.

147

Myronides sp. peleng

Trachyaretaon echinatus

MAARMUSEUM MANDERSCHEID /// WITTLICHER STRASSE 11 ///
54531 MANDERSCHEID /// 0 65 72 / 92 03 10 ///
WWW.MAARMUSEUM.DE ///

ALLES RUND UM DIE MAARE

Das Maarmuseum in Manderscheid

69

1991 wurde in den versteinerten Seeablagerungen des Eckfelder Maares eine sensationelle Entdeckung gemacht: ein Fossil von zirka 45 Millionen Jahren! Es handelt sich um ein Urpferd, genauer gesagt um eine Urpferd-Stute, denn das Tier war trächtig. Der Fötus ist im Mutterbauch gut zu erkennen. Er zählt, zusammen mit einer der ältesten Honigbienen der Welt, zu den zahlreichen Schätzen des Maarmuseums. Hier werden Fossilien aus der Eifel ausgestellt. Neben Tieren wie Fröschen oder Fledermäusen, die man sich noch gut in dieser Region vorstellen kann, sind auch Affen und Krokodile dabei, die damals hier lebten, als die Temperaturen deutlich höher als heute waren.

Es gibt 77 Maare in der Eifel und 13 davon sind mit Wasser gefüllt. Aber was ist eigentlich ein Maar? Welches ist das älteste Maar der Eifel? Und wo liegt der tiefste Maarsee?

Im Maarmuseum werden die Eifel-Maare auf instruktive und interaktive Weise erklärt. In der Mitte des Hauptraums können die Besucher das Großmodell eines Maares betreten und darum herum finden sie hilfreiche Schautafeln zur Entwicklung der Eifel-Region und des Vulkanismus. Bilder und Landkarten zeigen die Maare der Welt, die auch in der Karibik, in Ecuador oder Chile vorkommen. Im »Terranaut« macht man eine spannende Reise ins Innere der Erde, um die Entstehung eines Maares zu erleben.

Große Neugier wecken die Terrarien mit den lebenden Gespenstschrecken. Vor 45 Millionen Jahren waren ihre Vorfahren auch in dieser Gegend unterwegs, wie Fossilien im Baltischen Bernstein und aus dem Messel-Maar beweisen. Die Phasmiden sind kluge Tiere, die Pflanzenteile nachahmen, um Verfolgern zu entgehen. Es macht wirklich Spaß zu versuchen, sie zwischen Blättern und Ästen zu entdecken. Ihre Tarnung ist so perfekt, dass man sich wundert: »Zweig oder Tier?«

✍ Um die Umgebung der Maare aus nächster Nähe zu betrachten, bietet das Museum regelmäßig geologische und biologische Exkursionen zum Vulkanerlebnispark Mosenberg und zum Eckfelder Maar an.

Baileys-Sahne-Eis
100 ml

Birnen-Eis

VULKANEIFELHOF /// **DAUNERSTRASSE 24B** /// **54531 MANDERSCHEID** ///
0 65 72 / 92 95 40 /// **WWW.VULKANEIFELHOF.DE** ///

WO DAS EIS WIE MAGMA FLIESST

Der Vulkaneifelhof in Manderscheid

70

In einer Krise etwas Neues wagen und die Chance nutzen, das hatten sich vor einigen Jahren der Landwirt Martin Becker und seine Frau Claudia vorgenommen, als sie entscheiden mussten, wie es mit ihrem Bauernhof weitergehen sollte. Die Milchpreise sanken ständig tiefer, und keine Trendwende war in Sicht. Deshalb beschlossen sie, eine andere Verwendung für die Milch ihrer Kühe zu finden: Das war die Geburtsstunde des Vulkaneifel-Eises.

Die süße Neuigkeit hat schnell die Runde in Manderscheid und Umgebung gemacht, und der Hof ist nun ein Treffpunkt für Wanderer, Schulklassen, Busse voller Touristen und Eisliebhaber jeden Alters geworden. Wer es einmal probiert hat, kommt gerne wieder her.

Was trägt zu diesem Erfolg bei? Wieso ist dieses Eis so cremig, lecker und riecht und schmeckt so köstlich? Die wichtigste Rolle spielen die hochwertigen Zutaten. Milch und Sahne kommen vom eigenen Hof, dazu werden eine Menge frischer Früchte, jedoch keine Konservierungsstoffe oder künstliche Aromen verwendet.

Zirka 40 Sorten Vulkaneifel-Eis stellen die Eheleute inzwischen her. Die Familie Becker arbeitet mit vielen Gastronomen zusammen, um die Rezepte zu entwickeln. Deshalb kann man hier neben Klassikern wie Vanille, Erdbeere und Schokolade auch exotischere Geschmacksrichtungen wie »Chili mit Kirschen« oder »Rosmarin mit Limette« entdecken, die übrigens ganz hervorragend schmecken. Meine drei Lieblingssorten sind das »Karamelleis«, das karamellisierte Nüsse enthält, das »Pralineneis« mit Nougat, kandierten Nüssen und Stracciatella-Körnchen sowie das »Himbeereis«, für das man viereinhalb Kilogramm Früchte braucht, um neun Liter Eis herzustellen. So eine Qualität schmeckt man – und wie! Man folge der großen Eiswaffel vor der Haustüre!

Ⓢ Gegen die Sommerhitze hilft vor dem Eis auch ein Sprung ins Wasser! Das Meerfelder Maar ist ein 30.000 Jahre altes geologisches Wunder. Man kann hier schwimmen, wandern und angeln!

PUPPEN- UND SPIELZEUGMUSEUM LAUFELD ///
IM LANDHOTEL CAFÉ EIFELPERLE /// KELTENSTRASSE 6 ///
54533 LAUFELD /// 0 65 72 / 43 90 ///
WWW.PUPPENMUSEUM-LAUFELD.DE ///

MEHR ALS EIN PUPPENHAUS, VIEL MEHR
Das Puppen- und Spielzeugmuseum in Laufeld

71

Spielzeuge haben immer die Mode und die Zeit widergespiegelt. Im Puppen- und Spielzeugmuseum kann man mehr als hundert Jahre Entwicklung unserer Gesellschaft anhand einer umfangreichen Sammlung verfolgen.

Gisela Becker sammelt seit über vierzig Jahren Puppen. Ihr Mann und ihre Tochter Nathalie helfen ihr dabei, »Schätze« auf den Flohmärkten zu entdecken und zu restaurieren, um ihnen den alten Glanz und ein neues Leben zu schenken.

Jeder Besucher kann hier Kindheitserinnerungen wiederfinden.

Die älteste Puppe des Museums ist klein und unscheinbar. Sie stammt aus dem Biedermeier um 1840. Bis zur Jahrhundertwende wurden Puppen oft aus verschiedenen Materialien hergestellt. Diese hier hat Unterarme und Füße aus Holz, ihr Körper ist aus weichem Ziegenleder und mit Sägemehl gefüllt, während die Brustplatte mit Kopf und Hals aus Papiermaschee besteht. Ihr elegantes Kleid wurde aus mehreren Schichten rosafarbener Gaze gefertigt. Sie wirkt extrem raffiniert und gründlich ausgearbeitet. In der Eifel hatten Kinder damals kaum solche wertvollen Spielzeuge, stattdessen spielten sie oft mit selbst gemachten Puppen aus mit Stroh gefüllten Kartoffelsäcken.

Die Puppen aus den 1930er Jahren besaßen sogenannte Schelmenaugen, die sich nach links und rechts bewegen konnten und den Puppen ermöglichten, in jede Richtung zu blicken. Das war eine echte Neuerung, die das Spielzeug noch wirklichkeitsnäher machte.

Um die typische Rolle der Hausfrau zu erlernen, wurden den Mädchen Küchengeräte für ihre Puppen geschenkt wie Eisenöfen, jede Menge Töpfe, Bügeleisen und sogar winzige Kochbücher.

Neben berühmten Marken wie Kämmer & Reinhardt, Käthe Kruse oder den Schildkröt-Puppen gibt es im Museum auch den Vorläufer der Barbie zu entdecken: die kesse Bild-Lilli!

✐ Neben dem Puppenmuseum befindet sich das Heimatmuseum. In fünf Fachwerkhäusern stellt es die Eifeler Wohnkultur ab 1900 bis in die 1950er Jahre mit originalen Einrichtungen und Gegenständen aus.

ABTEI HIMMEROD /// ABTEISTRASSE 3 /// 54534 GROSSLITTGEN ///
0 65 75 / 9 51 30 (KLOSTERFÜHRUNG NUR NACH VEREINBARUNG) ///
WWW.ABTEIHIMMEROD.DE ///

RUHE, STILLE, ABER AUCH GRANDIOSE MUSIK
Die Abtei Himmerod in Großlittgen

72

Um 1134 gründete Bernhard von Clairvaux die *Abtei Himmerod*. Zwölf Zisterziensermönche wurden mit der Errichtung beauftragt und standen Urwäldern und dem sumpfigen Salmtal gegenüber. Da einige der Kulturleistungen des Ordens Ackerbau und Viehzucht sind, begann die kleine Gruppe mutiger Männer sofort mit dem Roden und Trockenlegen. Ihre Anstrengungen waren von Erfolg gekrönt: Schon 1178 wurde die erste romanische Kirche geweiht, und bald lebten 60 Ordenspriester und 200 Laienbrüder im Kloster, das Ende des 15. Jahrhunderts zudem die größte Bibliothek Europas besaß. 1751 wurde die zweite Kirche im Barockstil an der Stelle der ersten vollendet. Leider löste die französische Regierung 1802 das Kloster auf. Die Kirche wurde als Steinbruch benutzt und ihre Schätze verkauft. Aber nach dem Ersten Weltkrieg kamen Mönche hierher zurück und errichteten die Anlage nach den alten Plänen wieder.

Das Innere der Kirche ist besonders beeindruckend. Auf dem romanischen Grundriss eines lateinischen Kreuzes erhebt sich ein lichtdurchfluteter Raum, der an eine himmelwärts strebende gotische Hallenkirche erinnert. Für Zisterzienser ist Architektur pur das wahre Erlebnis, und Himmerod ist ein perfektes Beispiel dafür.

Auch die Orgel ist bemerkenswert. Ihr hervorragender Klang hat sie weltweit berühmt gemacht. International angesehene Organisten bieten regelmäßig Konzerte vor bis zu 500 Besuchern dar. Das Instrument, der Raum, die Atmosphäre und die Akustik sind unbeschreiblich.

Eine Benediktinerregel lautet, dass im Kloster niemals Gäste fehlen sollen. Die Gastfreundschaft ist wichtig. Deshalb gibt es hier sogar zwei Gästehäuser, und man kann sich für eine Nacht oder länger einquartieren, an den Exerzitien und an unterschiedlichen Seminaren teilnehmen.

🐟 Ende August findet das *Bernhardsfest* mit dem Himmeroder Markt statt. Eine gute Gelegenheit, um auch die berühmten und schmackhaften Himmeroder Forellen, den Apfelsaft und das Abteibier zu genießen.

FOTO- UND FILMMUSEUM BAD BERTRICH /// KURFÜRSTENSTRASSE 70 ///
56864 BAD BERTRICH /// 0 26 74 / 91 38 09 (ANMELDUNG ERBETEN) ///

Können Sie Begeisterung und Neugier beim Anblick von historischen Fotokameras, Kinematografen und Filmprojektoren empfinden? Dann müssen Sie ins Foto- und Filmmuseum der Eheleute Eischen gehen! Was sich hier an Schmuckstücken der Foto-, Film- und Videotechnik offenbart, ist einfach überwältigend! Seit den 1920er Jahren haben schon mehrere Generationen der Familie ihre Sammelleidenschaft der Fotografie und der Kinetechnik gewidmet. Die ältesten Stücke der Sammlung sind aber noch deutlich älter.

Die Eheleute versuchen, jeden Besucher wenigstens ein Stück durch die Ausstellung zu begleiten und seine Interessen zu erkunden. Schnell fallen die liebevoll arrangierten kleinen *Sammlungen in der Sammlung* auf: Eine Vitrine für seltene Belichtungsmesser, ein Schmuckkästchen der Zentralverschlüsse, eine Kollektion populärer AGFA-Kameras. Wer das Glück hat, mit Herrn Eischen ein wenig länger zu plaudern, der erfährt auch von seinen Lieblingsstücken. Dazu gehört die Prima Ballerina der Ausstellung, die weinrot belederte Linhof Technika III mit rotem Balgen und edlem Zubehör, wie sie zwischen 1946 und 1957 auf Wunsch gefertigt wurde. G. Janssen & Co. lieferte um 1900 in Köln eine Holzkamera, die 70 Jahre am Place de Paris in Luxemburg im Einsatz war. Die seltene Kodak Stereo Brownie No. 2 mit Doppelbalgen, japanische Steky- und russische Kiev-Miniaturkameras, die Vollendung einer hölzernen Filmkassette aus Vervier, deren Verschlussrollo aus Holz keinerlei Rillen zeigt, und haben Sie die vielen Taschenuhren bemerkt, deren Uhrentechnik der Fototechnik meist voraus war? Möchten Sie ein Malteserkreuzgetriebe für Filmprojektoren nach Oskar Messter sehen, oder einen U-Matic Videoplayer, einen Gaumont-Projektor mit Paté-Scheibe? Kommen Sie, staunen Sie!

🖎 Der *Landschaftstherapeutische Park Römerkessel* bietet Erholung auf eine entspannte und naturnahe Art an. Psychologisch fundiert laden sieben Themengärten zu Spaziergängen durch das eigene Erleben ein.

**BAUERNHOF ZUR KLOSTERMÜHLE ///
SPRINGIERSBACHER MÜHLE 2 /// 54538 BENGEL ///
0 65 32 / 9 53 98 88 /// WWW.ZUR-KLOSTERMUEHLE.COM ///
WWW.MOSELJONGLIERFESTIVAL.DE ///**

RIESENVÖGEL UND ARTISTIK

Die Straußenfarm Zur Klostermühle in Bengel

74

Einen knappen Kilometer vom Karmelitenkloster Springiersbach (s. S.161) entfernt befindet sich die Straußenfarm *Zur Klostermühle* von Christoph Engels. Der gelernte Landwirt betreibt hier sein »Creative Farming« und bringt die wunderbare Landschaft mit erstklassigen Kulturveranstaltungen zusammen. Das gelingt ihm prima, denn er hat das Zeug dazu. Nach einem Jahr Tanzausbildung in Berlin lernte er ein Jahr an der Schweizer Theaterschule und zwei Jahre an der Budapester Staatlichen Zirkusschule. Seine Shows sind höchst spannend, und er wurde schon oft dafür ausgezeichnet. Viele denken bei ihm an die Säge, denn er jongliert mit Apfelsinen, Gurken und … einer Kettensäge!

Ein Highlight seiner Farm ist das *Mosel-Jonglier-Festival*, das er zusammen mit weltberühmten Topartisten organisiert. Jongleure, Bauchredner, Stand-up-Comedians, Zauberer und Luftakrobaten aus der ganzen Welt treten hier auf und bieten Workshops an. Es macht wirklich Spaß, denn in jeder Ecke gibt es etwas zu entdecken.

Wie der Name schon verrät, leben auf diesem Bauernhof ganz besondere Tiere: die Strauße, die größten lebenden Vögel der Erde. Man kann sie aus der Nähe betrachten und bei einer Farmführung viel über sie erfahren; zum Beispiel, dass junge Strauße ein bis drei Zentimeter pro Tag wachsen und bis über drei Meter groß werden können. Da Herr Engels auch Straußenzüchter ist, gibt es hier einen Brut- und einen Schlüpfraum. Ein Straußenei kann bis zwei Kilogramm wiegen, das entspricht fast 35 Hühnereiern!

Neben Kaffee und Kuchen kann man im Bauerncafé auch Flammkuchen mit Straußenfleisch und Frikadellen vom Strauß probieren. Außerdem werden im Hofladen eine Reihe Straußen-Spezialitäten angeboten: Straußen-Eierlikör, Straußen-Eiernudel, Straußen-Eierlampen, Straußenfedern und sogar Straußenstaubwedel.

ℰ Neben der Klostermühle sind auch die fast dreihundertjährige Getreidemühle und die Ölmühle nach Absprache mit der Ortsgemeinde zu besichtigen. Für die Führungen: Telefon: 06532/2165.

DER VIELFÄLTIGE KLANG DER STILLE

Das Karmelitenkloster Springiersbach in Bengel

75

Um 1100 gründete die adelige Dame Benigna von Daun eine klösterliche »cella« auf ihrem Witwengut. Ihr Sohn Richard wurde der erste Abt dieses Reformklosters nach der Regel des heiligen Augustinus am Fluss Springiersbach.

Die erste Klosterkirche im romanischen Stil wurde 1136 geweiht, aber leider ist nichts von ihr erhalten geblieben. Die heutige Kirche mit der für die Moselgegend ungewöhnlichen Barockausstattung und dem hohen Turm entstand zwischen 1769 und 1772. Wie schon viele in der Region wurde auch dieses Kloster während der Säkularisation aufgelöst und das gesamte Stiftseigentum verkauft. 1922 wurde es eine Ordensniederlassung der Karmeliten.

Die ersten Karmeliten aus dem 13. Jahrhundert waren Einsiedler, die ganz bewusst in die Stille gingen. Heute sind sie neben ihrem kontemplativen Ursprung auch in der Seelsorge sehr aktiv. Dementsprechend ist das Kloster Springiersbach ein Ort der Stille, wo Menschen geistliche Unterstützung und Ruhe finden können.

Einzelne Gäste oder Gruppen werden im Exerzitien- und Bildungshaus untergebracht, wo sich verschiedene Unterrichtsräume und 30 Einzelzimmer befinden. Hierher können diejenigen kommen, die einfach stille Tage verbringen möchten und vielleicht geistliche Begleitung durch die Mönche brauchen. Die Gäste bleiben im Durchschnitt eine Woche, um das eindrucksvolle Erlebnis auf sich wirken zu lassen. Sie wandern, genießen die herrliche Landschaft und nehmen je nach Lust an der Gebetszeit teil. Das Haus wird aber ebenso gerne von Schulen und Gruppen gebucht, die ihr eigenes Programm machen.

Im originalgetreu wiedererrichteten spätromanischen Kapitelsaal finden regelmäßig Musikkonzerte und -kurse statt, welche die Möglichkeit bieten, diesen kontemplativen Ort durch den Klang einer wunderbaren Musik zu erleben.

Das Kloster Springiersbach ist auch ein beliebter Ausgangspunkt für viele Wanderwege im Kondelwald, die in Richtung Bad Bertrich oder Ahrtal führen.

EIFELER KÜCHENKRAUT /// BRUNNENSTRASSE 9 ///
54533 OBERSCHEIDWEILER /// 0 65 74 / 90 03 19 ///
WWW.KUECHENKRAUT.DE ///

SCHNÜFFELN UND ANFASSEN ERWÜNSCHT

Das Eifeler Küchenkraut in Oberscheidweiler

76

Als Julia Moll vor knapp 20 Jahren anfing, ihre Kräuter auf den Märkten anzubieten, fiel sofort der Unterschied zur Konkurrenz auf. Auf ihrem Tisch stand nämlich das einladende Schild »Schnüffeln und anfassen erwünscht«. Und der Spruch gilt immer noch. Im *Eifeler Küchenkraut* wachsen inzwischen über 200 verschiedene Küchenkräuter auf dem Freiland und in Foliengewächshäusern, darunter 20 Minzesorten, wie die »Hemingway Minze«, sehr beliebt für den Mojito-Cocktail, oder die Orangen- und die Erdbeerenminze für schmackhafte Tees. Der Verkauf findet an zwei Tagen pro Woche zwischen März und Oktober statt. Manchmal besucht die Gärtnermeisterin auch Pflanzenbörsen, Mittelaltermärkte und historische Dorffeste.

Ihre Leidenschaft für die Kräuter hat sich vor langer Zeit entwickelt, und sie stellt gerne Kunden und Interessenten ihre große Erfahrung zur Verfügung. Man braucht ihren Rat schon, um die Orientierung inmitten des überwältigenden Angebotes nicht zu verlieren. Es gibt Kräuter für Salatsoßen, Suppen und Eintöpfe, Kräuter für Süßspeisen und Tees, Mediterrane Kräuter und Gemüsepflanzen.

Frau Moll zieht ihre Kräuter in Kaltkultur, ohne Heizung. Dadurch werden die Pflanzen stämmiger, robuster und sind nicht so anfällig für Pilzbefall.

Alles hier riecht und schmeckt gut. Ich habe ein paar Entdeckungen gemacht. Um Getränke zu süßen, gibt es das Zuckerkraut »Stevia«, das leicht nach Anis schmeckt. Die Ananas- und Orangen-Salbei geben dem Salat eine exotische Note. Als Duftpflanzen gefällt mir sowohl die »Schokoladen-Kosmee«, die nach Zartbitterschokolade riecht, als auch eine ganze Reihe Geranien, die einen Geruch von Ingwer, Cola, Karotte oder Haselnuss verströmen. Und gegen die lästigen Mücken hilft die Duftgeranie »Zitronella«. Gut einreiben!

🪶 Im 1782 gebauten Restaurant *Oberscheidweiler-Mühle* können die Gäste Eifeler Spezialitäten und internationale Gerichte in einer gemütlichen Atmosphäre genießen. www.oberscheidweilermuehle.de

De docta Ignorantia

Deo amabili Reuerendissimo patri dño Juliano sancte aplice sedis dignissimo Cardinali preptori suo metuedo.

ADmirabiter et vere maximu tuu et tam pbatissimu ingeniu quod sibi hoc uelit Quod dum ineas barbaras ineptias mauitus pinde attep to te arbitru eligo quasi tibi pro tuo Cardialatus officio apud aplica sedem in publicis maxis negocys occupatissimo aliquod cui supsit et post omn laciore septoru q hucten claruerit supma noticia et nunc grecoru etia ad meu istu fortassis ieptissim soceptu tituli nouitate trahi possis qui tibi qual ingenio sim ia dudu notissimo cristo Sed hec admiracio no q pus icognitu hic insertu putes sed potius qua audaciu ab ce docta ignorancia tractandu ductus sim anm tuu sciendi pa du spero insendu alliciet Ferunt em nales appetitu qu dam triste sensacio in stomacho orisano auterre ut sic n que serpam consernue nititur stimulata reficiat Stra puto admirari ppter hoc phari sciendi desiderii puen ut intellectus cuius intelligere est esse studio ueritatis pf Raru quid et si inostu sit nos moue solent Quam preptore unice pro tua huanitate aliqd dignu hic lat tristies et ex gurano in rebo diuis tale qlem tc modu suscipe que mi labor ingens admodu gissimodu suscipe que mi labor ingens admodu gissi

Quomodo scire est ignorare, Capitulum primum

Diuino mune oibus in rebus naturale qu deriu inesse cospicimo ut sint meliori q quo hoc tuiusq nature patitur condic hut sine opari instrumitaq habe oport cau conatu est couenies pposito cognoscendi au appetitus et inainato ponde prope natue qu sit Qd si fortassis secus cotigat hoc ex aciden se ut du infurmitas gustu aut opinio racio obre sanu liber intellectu veru q insaciabi su cucta perlustrando attigi rupit apphens plexu cognosce ducigno dubitates uerissim mes neqt dissetie Des aut inestigates in certi procobilure metu iudicat copacia medio procioris utens ut du hec hue n reductioe psupposito possit copari sctal

EIN GROSSARTIGER, GROSSZÜGIGER STIFTER

Die Bibliothek des Nikolaus von Kues in Bernkastel-Kues

77

Auf dem Hauptportal des St.-Nikolaus-Hospitals heißt eine Statue des heiligen Nikolaus von Myra die Besucher willkommen. Dieses Altenheim stiftete Nikolaus von Kues zusammen mit Äckern, Weinbergen und Gebäuden.

Der große Philosoph und Theologe wurde 1401 in Kues geboren und stammte aus einer reichen Schifffahrts- und Kaufmannsfamilie. Man kann hier fast überall seine Symbole entdecken: einen roten Krebs, denn seine Familie hieß Cryfftz, was auf Moselfränkisch »Krebs« bedeutet, und das Lamm Gottes, das Wappen von Brixen, wo er von 1450 bis 1464 Bischof und Landesfürst war.

Im prachtvollen Barocksaal stellen vier Wandmalereien Szenen aus seinem Leben dar: Nicolaus Cusanus als junger Student, seine Teilnahme am Baseler Konzil, seine Ernennung zum Kardinal und die Gründung des Hospitals.

1465 wurden Hospital und Kirche eingeweiht, ein Jahr nach seinem Tod. Aber der Geist von Cusanus ist noch sehr präsent, mehr als 550 Jahre später. Obwohl seine Gebeine in Rom ruhen, befindet sich sein Herz unter dem Altar der Kapelle in Kues, wie er es testamentarisch bestimmt hatte. Auf dem Passionstriptychon ist er kniend, mit rotem Kardinalshut und Krebswappen porträtiert.

Die Schatzkammer des Hauses ist die Bibliothek, die 316 kostbare Handschriften vom 9. bis 18. Jahrhundert enthält. 270 davon stammen von Cusanus. Als neugieriger Gelehrter sammelte er juristische, theologische, medizinische und naturwissenschaftliche Werke. Sein 1440 in Kues abgeschlossenes Hauptwerk heißt »De docta ignorantia« (Über das belehrte Nichtwissen). Mit einer Führung ist es möglich, einen Teil dieser Schätze zu bewundern.

Empfehlenswert ist auch die *Mosel Vinothek*, wo es 150 Weine der Moselregion zu probieren gibt, darunter einige aus dem Weingut St.-Nikolaus-Hospital.

✍ Im Cusanus-Geburtshaus geht die Entdeckungsreise weiter. Hier kann man auch das tolle »Globusspiel« erwerben, das Cusanus entworfen hat. www.nikolaus-von-kues.de

STADTVERWALTUNG WITTLICH /// SCHLOSSSTRASSE 11 ///
54516 WITTLICH /// 0 65 71 / 1 70 /// WWW.SAEUBRENNER.WITTLICH.DE ///

SEHR LECKER, ABER KAUM FÜR VEGETARIER

Die Säubrennerkirmes in Wittlich

78

Es war einmal das von Stadtmauern umgebene Städtchen Wittlich, das 1397 vom Ritter Friedrich von Ehrenburg belagert wurde. Eines Abends konnte der Torwärter in der Dunkelheit den Riegel zum Verschließen des Stadttores nicht finden und leichtsinnig beschloss er, stattdessen eine Rübe in das Riegelloch zu stecken. Zwar eine erfinderische Lösung, aber leider hatte der Teufel dabei seine Hand im Spiel. Eine schlaflose Sau verließ in der Nacht ihren Stall und machte einen Spaziergang durch die Gassen der Stadt. Nach einer Weile bekam das Tier einen Riesenhunger und, als es mit großer Freude die Rübe entdeckte, verschlang es sie ohne Zögern.

Nun nahm das Schicksal seinen bitteren Lauf: Das Tor öffnete sich, der Feind drang in die Stadt ein und Wittlich wurde regelrecht geplündert. Da es später den Einwohnern unmöglich war, den schuldigen Vierbeiner auszumachen und vor Gericht zu bringen, rächten sich die Wittlicher an allen Säuen, die deshalb auf dem Marktplatz verbrannt wurden.

Seit 1950 wird diese Sage am 3. Augustwochenende während der Wittlicher Säubrennerkirmes von Kindern und Erwachsenen begeistert wiederbelebt. Zum bunten Programm gehören auch ein Handwerkermarkt, Kirmesbuden, Lasershows und Musikkonzerte. Besonders empfehlenswert ist der Festzug, der am Samstag durch die Stadt zieht und vor dem historischen Rathaus endet. Dort klettert ein mutiger Feuerwehrmann eine alte Drehleiter empor, um dem Sankt Rochus unter dem Rathausgiebel einen Blumenstrauß zu reichen und seine Nase als Glücksbringer zu putzen.

Jedes Jahr werden in vier Tagen mehr als 120 gebratene Schweine von 150.000 Besuchern genussvoll verzehrt. Man bekommt für ein paar Euro ein Brötchen mit einer dreifingerdicken Scheibe leckeren Fleisches, das auch den anspruchsvollsten Gaumen verwöhnt!

✍ Im Treppenhaus des Alten Rathauses kann man die berühmten Glasfenster »Apokalyptische Reiter« von Georg Meistermann bewundern.

EIFELPARK GONDORF /// WEISSSTRASSE 12 /// 54647 GONDORF ///
0 65 65 / 9 56 60 /// WWW.EIFELPARK.COM ///

BÄREN, BAGGERN ... BEGEISTERUNG!

Der Eifelpark Gondorf

79

Am Parkeingang werden die jungen Besucher vom verkleideten kleinen Bären Purzel, seiner Mama Tapsi und seinem Papa Tatze willkommen geheißen. Die wilden Braunbären leben in der Bärenschlucht, direkt gegenüber dem Tal der Wölfe. Außerdem gibt es Luchse, Papageien, Steinböcke, Kängurus und und und!

Seit 2013 wird der *Eifelpark Gondorf* mit großem Engagement, Kompetenz und Leidenschaft erneuert. Das Ergebnis ist ein gelungenes Verhältnis zwischen wilden Tieren, blühender Natur und spannenden Attraktionen.

Zahlreiche Fahrgeschäfte wie die *Piratenschlacht*, die Sommerrodelbahn und das *Rutschenparadies* sorgen für echten Spaß für jedes Alter. Auf dem *Baggerspielplatz* wird tatsächlich gebaggert. Hebel drehen, Schaufel senken und Sand abräumen. Hier entwickelt sich das Spiel schnell zu einer packenden Herausforderung auch für Erwachsene. Die *Baustellenfahrt* ermöglicht Kindern, elektrische Bagger und Traktoren zu fahren. Aber auch für die Kleinsten gibt es Fahrmöglichkeiten: Ab zwei Jahren dürfen sie die *Mini-Piratenfahrt*, die *Mini-Teststrecke* und die *Eifel-Piste* selbst fahren.

Waldlehrpfade wie der Baum- und der Steinlehrpfad sind besonders beliebt bei Schulklassen und Wanderern, denn sie führen sinnlich und anschaulich die Vielfalt der Natur vor.

Wer noch mehr über die Tiere und ihre Umgebung erfahren möchte, kann unter der Leitung der Parktierpfleger an Tierpflegerworkshops teilnehmen.

Unbedingt empfehlenswert ist die Flugvorführung in der Falknerei, um sich von den Greifvögeln faszinieren zu lassen. Unter dem Motto »Falkner für einen Tag« kann man sogar einen ganzen Tag in der Falknerei mitwirken.

Auf dem Weg zum Ausgang bekommen die kleinen Gäste signierte Postkarten von Purzel, Tapsi und Tatze, um die Erinnerung an den Park nach Hause mitzunehmen.

✍ Man kann im Park sowohl Firmenfeste veranstalten als auch betreute Kindergeburtstage feiern.

BITBURGER MARKEN-ERLEBNISWELT ///
BITBURGER BRAUGRUPPE GMBH /// RÖMERMAUER 3 ///
54634 BITBURG /// 0 65 61 / 14 24 97 /// WWW.BITBURGER.DE ///

KLAR, HELL UND BELIEBT!

Die Bitburger Marken-Erlebniswelt

80

Auf dem Plakat am Eingang der Bitburger Marken-Erlebniswelt prangt der berühmte »Genießer«, der eine Brauersmütze trägt und uns anlächelt. In der Hand hält er ein Glas Bier und heißt uns zu dieser Reise der Sinne willkommen. Wir erfahren, dass er seit 1929 das renommierte Bier verkörpert, welches aber noch deutlich älter ist. Tatsächlich begann diese Erfolgsgeschichte schon 1817 mit Peter Wallenborn, der in Bitburg eine kleine Brauerei gründete. Purer Zufall? Wohl kaum, denn schon sein Vater besaß eine Brauerei in Kyllburg.

Von Anfang an setzte der Brauer des heute meistgezapften Biers in Deutschland alles auf Qualität, was dazu führte, dass er sogar sein eigenes Malz herstellte. Und diese Tradition wird auch heute in siebter Generation fortgeführt.

Was macht das Bitburger Bier so besonders? Es sind mehrere Komponenten. Zuerst das Wasser, das aus der 200 Millionen Jahre alten Triasmulde kommt und aus bis zu 300 Metern Tiefe gefördert wird. Man kann es in der Brauerei sogar verkosten. Einige Schritte weiter liegt das Malz in zwei Säcken zum Anfassen bereit. Es wird aus der Eifeler Braugerste gewonnen, deren Verarbeitung über Farbe, Charakter und Aroma des Biers entscheidet. Und der Schaum? Dafür ist der Hopfen verantwortlich, dessen Duft den nächsten Raum erfüllt.

Unter einem riesigen Mikroskop sieht man danach, wie die Hefezellen sich vermehren und für die Gärung sorgen. Im ersten Stock steht der Besucher staunend vor den alten Kupferkesseln, in denen das Bier bis in die 1980er Jahre gebraut wurde. Im kühlen, dunklen Lagertank deutet die Bierformel an der Wand schon an, dass wir fast am Ziel sind. Denn nach der Filtration ist das Bier reif für die Abfüllung. Man zeigt uns, wie bis zu 300.000 Flaschen pro Stunde durch die Anlage sausen. Und jetzt ist es Zeit für ein frisches Getränk!

🍺   Vor dem Bitburger Gebäude steht der sogenannte *Bierbrunnen*. Zu besonderen Gelegenheiten oder Jubiläen lässt man aus diesem Brunnen Bier statt Wasser fließen. Traumhaft!

VIELFALT BEI SPEIS UND TRANK

Das Restaurant Herrmann's in Rittersdorf

81

Seit mehr als fünfzehn Jahren arbeiten Sylvia und Achim Herrmann in der Wasserburg *Rittersdorf*. Sie ist Sommelière, er zaubert in der Küche. Beide lieben Regionalweine und frische Landküche. Aber oft finden in ihrem Restaurant auch südafrikanische Abende statt. Dann kommt ein Springbock auf den Teller, und die Gläser werden mit Weinen vom Schwarzen Kontinent gefüllt. Schnell entwickelt sich eine traumhafte Atmosphäre.

Wann immer aber der Gast einen besonderen Wein zu Hause hat, kann er ihn mitbringen. Diese Aktion heißt »Bring your own Wine« und, obwohl das in anderen Ländern wie in Amerika üblich ist, wird es in deutschen Restaurants kaum angeboten.

Flexibilität ist eine Stärke dieses Restaurants, zusammen mit dem schönen Blick, den einige Fenster ermöglichen, die auf den Wassergraben hinausgehen.

Hier werden auch »Küchenpartys« organisiert, bei denen die Gäste Zubereitungstricks direkt vom Koch lernen können.

Unsere Neugier wurde jedoch vom Rittermahl geweckt. Im gewölbten Saal im ersten Stock trafen wir weitere Gäste, die der gleichen Idee folgten. Jeder bekam ein Brettchen und einen quadratischen Latz. Sogar das Besteck war rustikal mit Holzgriff. Der Wein wurde aus dem Becher und das Bier aus dem Humpen getrunken. Mägde und Knechte in entsprechenden Kostümen servierten am Tisch, während der Gaukler uns mit Jonglage, Musik und Spiel unterhielt. Ein Gast, der seinen Geburtstag feierte, wurde zum »Grafen« geadelt. Seine Frau war begeistert, denn auch sie wurde »Gräfin«. Einige Gäste wurden zum Ritter geschlagen. Auch mein Mann, der Glückspilz! Es gab sogar einen Vorkoster, der das Essen vor uns probierte, weil es von der Burghexe vergiftet worden sein könnte. Nach dreieinhalb Stunden waren wir eine große Familie geworden und genossen zusammen die Feuershow. Toll!

⚜ Man kann sich im ältesten Raum der Wasserburg *Rittersdorf*, ganz oben in einem berückenden Türmchen, trauen lassen.

RÖMISCHE MOSAIKEN MIT 3D-EFFEKT

Die römische Villa Otrang in Fließem

82

Wer hat nicht als Kind davon geträumt, einen Schatz im Garten zu entdecken? 1825 ist dies in Fließem, nördlich von Bitburg, tatsächlich passiert, als man bei Ackerarbeiten zufällig auf antike römische Mosaikböden stieß.

Dank eines Beschlusses der Preußischen Regierung, die nach einem Besuch des späteren Königs Friedrich Wilhelm IV. die sechs Schutzhäuser auf dem Gelände errichten ließ, kann man heute noch Teile der Villa Otrang besichtigen, einer der größten und besterhaltenen römischen Landsitze nördlich der Alpen.

Sie wurde im 1. Jahrhundert erbaut, bis zum Ende des 4. Jahrhunderts erweitert und leider unter den Franken später weitgehend zerstört.

Das riesige Herrenhaus hatte eine Fläche von 3.600 Quadratmetern und umfasste 66 Räume, von denen 14 mit Mosaikfußböden ausgestattet waren. Diese Paradebeispiele des römischen Geschmacks und Lebensstils haben sich in vier Räumen erhalten. Obwohl die Ornamente gewisse Ähnlichkeiten aufweisen, zeigen sie sich gleichzeitig sehr individuell. In drei Fällen handelt es sich um elegante geometrische Formen, die durch Linien, Kurven und Farben komplexe Muster entwickeln, um Pflanzen, Blüten und Blätter darzustellen. Im Schutzhaus »opera musiva II« sollte man die Verzierungen aufmerksam betrachten, die dreidimensional wirken. Im Apsidensaal des Schutzhauses »opera musiva I«, der wahrscheinlich als Wohn- und Speisezimmer diente, stellen die Mosaike prachtvolle, lebendige Tierabbildungen dar: Ein Löwe überfällt ein Pferd, ein Panther jagt eine Antilope und ein Kranich verspeist eine Schlange. Atemberaubend!

In einem anderen Schutzhaus sind Teile der römischen Badeanlage erhalten: Sie bestand aus einem Kaltbaderaum »frigidarium«, einem Lauwarmbad »tepidarium« und einem Heißbaderaum »caldarium«. Das ist eine wahre Pracht!

🗐 Im Schatten der Aussichtsterrasse kann man das wunderschöne Eifeler Panorama zusammen mit römischem Würzwein und »Fladenbrot mit Moretum« genießen.

EIFELBRENNEREI ZENDER /// HUBERTUSSTRASSE 1 ///
54636 WOLSFELD /// 0 65 68 / 4 98 (ANMELDUNG ERFORDERLICH) ///
WWW.EIFELBRENNEREI.DE ///

AUSGEZEICHNETE QUALITÄT
Die Eifelbrennerei Zender in Wolsfeld

83

Es war der 8. September 1806, als Gregor Everhard zu Wolsfeld von der Trierer Verwaltung eine »Licence de Distillateur«, eine Erlaubnis zum Brennen, erhielt. Die Gebühren wurden in Francs bezahlt, denn Napoleon hatte damals noch das Sagen in diesem Teil der Eifel. Seit jenem Tag wird hier gebrannt. Heute bringt Bernhard Zender die Familientradition, die mit seinem Urururururgroßvater anfing, in der siebten Generation voran. Er macht keine Kompromisse und achtet mit Leidenschaft und Kompetenz sehr genau auf die Qualität seiner Brände. Der erfahrene Brenner und Mitglied bei »Eifel Premium Brand« ist regelmäßig unterwegs als Prüfer bei Verkostungen. Er lässt oft seine Produkte an Wettbewerben teilnehmen, denn er hat zu Recht keine Angst vor der Konkurrenz. Das Ergebnis seines Talents sieht man an den Wänden der Brennerei hängen: Ein ganzer Stapel von Urkunden und Dutzende von Medaillen, wie sie kaum der erfolgreichste General nach langer Karriere sammeln könnte! Um dieses höchste Niveau zu bewahren, werden hier keine Massenprodukte hergestellt.

Trotz des Erfolgs seiner traditionellen Produkte wie Williams oder Mirabell experimentiert Herr Zender gerne mit Pflanzen und Gewürzen, um immer neue Rezepte zu entwickeln. Dabei bleibt er seinem Motto treu, dass die Frucht erkennbar sein muss. Deshalb sind bei ihm neben acht unterschiedlichen Apfelsorten auch *Holunderblütengeist*, *Schokogenuss* oder die *Kräuterhexe* zu finden, die üppige 56 Prozent enthält. Die Palette ist so umfangreich, dass jeder Geschmack bestens bedient wird. Hier gibt es sogar Gin nach eigener Rezeptur!

Und wie kann man sich davon überzeugen? Das ganze Jahr finden Verkostungen von Edelobstbränden zusammen mit leckeren regionalen Käsen und Wurstsorten im alten Gewölbekeller mit Fußbodenheizung statt.

✍ »Wolsfeld brennt«, das kultige Fest dreier Brennereien, findet am dritten Sonntag im Oktober in den geraden Jahren statt. Nicht verpassen! www.wolsfeldbrennt.de

NATURPARKZENTRUM TEUFELSSCHLUCHT ///
FERSCHWEILERSTRASSE 50 /// 54668 ERNZEN ///
0 65 25 / 93 39 30 /// WWW.TEUFELSSCHLUCHT.DE ///
WASSERFÄLLE: N 49,855722°; O 6,445278° ///

ROMANTIK UND SPANNUNG AN EINEM ORT

Die Irreler Wasserfälle bei Irrel

84

Schnell fließt das klare Wasser der Prüm, plätschert gegen die bemoosten Felsblöcke und bahnt sich strudelnd seinen Weg in Richtung Minden.

Wissenschaftlich betrachtet sind die Irreler keine »echten« Wasserfälle, dennoch werden sie seit Jahrzehnten so bezeichnet. Und bei näherer Betrachtung ihrer Stromschnellen kann man sagen, dass sie sich diesen Namen wohl verdient haben.

Dies hier gilt aus gutem Grund als einer der romantischsten Orte der Eifel. Ganzjährig kommen Wanderer, Familien, Touristen und Pärchen, um das herrliche Panorama zu bewundern. Da und dort gibt es Bänke, die zu einer kurzen Pause oder einem Picknick einladen.

Von einer überdachten Holzbrücke aus gewinnt man den besten Überblick über dieses hervorragende Naturphänomen, das vor Tausenden von Jahren entstanden ist, als Blöcke aus Luxemburger Sandstein am Rand des Ferschweiler Plateaus brachen und bis ins 170 Meter tiefe Flusstal stürzten.

Aber die Wasserfälle sind nicht nur ein romantischer, malerischer Ort. Für Spannung und Nervenkitzel sorgen die Wildwasserkanuten, die sich hier im Herbst regelmäßig treffen. Ein aufregendes Ereignis sowohl für die mutigen Wassersportler als auch für das begeisterte Publikum.

Wer Lust aufs Wandern hat, kann von den Wasserfällen aus die Teufelsschlucht (s. S. 181) erreichen. Der Weg durch den Wald ist besonders schön und ausgezeichnet markiert. Trotz der relativ kurzen Strecke von 2,5 Kilometern muss man mit einer milden Herausforderung rechnen. Zwischen den beiden Orten erreicht der Höhenunterschied nämlich 180 Meter, und die wenigen Kilometer fühlen sich schnell wie eine längere Route an. Immerhin kann man sich als Belohnung im Naturparkzentrum Teufelsschlucht erholen und ein Häppchen im Bistro *TeufelsKüche* genießen.

🖉 Das *Fraubillenkreuz* liegt 20 Kilometer von hier zwischen Nussbaum und Bollendorf. Legen Sie Ihr Ohr an den Menhir. Hören Sie Sybilles Spinnrad schnurren? GPS-Koordinaten: N 49,874117°; O 6,371284°.

NATURPARKZENTRUM TEUFELSSCHLUCHT ///
FERSCHWEILERSTRASSE 50 /// 54668 ERNZEN ///
0 65 25 / 93 39 30 /// WWW.TEUFELSSCHLUCHT.DE ///

DER HERZSCHLAG DER ERDE
Die Teufelsschlucht im Naturpark Südeifel

85

Das Gebiet rund um das Naturparkzentrum Teufelsschlucht war vor 190 Millionen Jahren ein Meer, wie die Teufelskrallen beweisen, versteinerte Muscheln einer ausgestorbenen Gattung, die noch im Wald zu finden sind. Große Landflächen gab es damals kaum, hauptsächlich als winzige Inseln, und vom Menschen keine blasse Spur.

Vor ungefähr 12.000 Jahren entstand dann die Teufelsschlucht als imposantes Ergebnis eines kolossalen Felssturzes.

Diese kurze Einleitung wird Ihnen – hoffe ich – behilflich sein, wenn Sie sich vor dem Einstieg zur Schlucht befinden.

Meine persönliche Empfehlung lautet so: Das erste Mal laufen Sie den Weg durch die Schlucht ganz allein. Bewegen Sie sich langsam und lassen Sie sich Zeit. Wenn Sie die steilen Treppen hinabsteigen, verlassen Sie sich auf Ihre Sinne. Versuchen Sie das Moos auf den Steinen zu riechen. Nehmen Sie den Geruch der feuchten Erde und der Blätter wahr. Können Sie Ihren eigenen Atem hören? Und den der mächtigen Felsen, die Sie umgeben? Sind das tatsächlich Wellen, die sich im Hintergrund bewegen oder ist es nur der Wind?

Die Urenergie der Mutter Erde und ihr tiefer Herzschlag scheinen hier spürbar.

Der Weg ist schmal und dunkel, teilweise fast unangenehm. Es sieht so aus, als ob die Felsen sich ausstrecken würden, um Sie zu berühren. Haben Sie keine Angst! Das ist die bezaubernde Ausstrahlung der Natur, die Magie der Teufelsschlucht. Probieren Sie es. Sie werden nicht enttäuscht sein.

Außerdem lohnt sich ein Besuch im Naturparkzentrum, wo man alljährlich und für jedes Alter eine große Auswahl von Aktivitäten anbietet. Ein erstklassiger Dinosaurierpark, spannende GPS-Rallyes sowie Tag- und Nachtwanderungen sind einige Beispiele aus dem bunten Programm.

✍ Im zehn Kilometer entfernten Weilerbacher Wald befindet sich das Diana-Denkmal, das im 2. Jahrhundert entstanden ist. Hier die GPS-Koordinaten, um sich nicht zu verlaufen: N 49,838910°; O 6,383632°.

HEISSE LEIDENSCHAFT

Das Ofen- und Eisenmuseum in Hüttingen bei Lahr

86

Theo Lukas hat mit fünf Jahren angefangen zu sammeln. Damals hatten es ihm die Uhren seines Großvaters angetan, denn die Bewegungen ihrer mechanischen Uhrwerke faszinierten ihn. Und so ist es heute noch. Der stolze Eifeler ist ein Tausendsassa und restauriert alle Gegenstände seiner Sammlung selbst. Das grenzt an ein Wunder, weil viele Stücke mehrere hundert Jahre alt sind. Jedes der 35.000 Exponate seines 2002 eröffneten Ofen- und Eisenmuseums ist funktionsfähig und sieht so nagelneu aus, dass Besucher oft fragen, wo die »alten Stücke« seien.

»Hinter jedem erfolgreichen Mann steht eine Frau«, sagt ein altes Sprichwort, und das stimmt auch hier. Brigitte Lukas unterstützt ihren Mann seit mehr als 40 Jahren mit Rat und Tat. Sie plant die Einrichtung der Motivräume und dekoriert sie. Außerdem sorgt sie dafür, dass das Museum picobello aussieht und problemlos läuft. Das ist ein perfektes Team!

Die Ofen- und Eisensammlung hat mit einem kleinen, runden Ofen angefangen. Dann kam ein Teilchen zum anderen, und nun verteilen sich knapp 100.000 Stücke auf Ausstellungs- und Lagerräume. Nur ein kleines Beispiel: Es gibt über 1.000 verschiedene Bügelgeräte von Knopfbügeleisen bis Blumenbügeleisen zur Herstellung künstlicher Blütenblätter für Hutmacher. Was es hier alles zu entdecken gibt, kann nicht beschrieben werden. Man muss es gesehen haben, um es zu verstehen.

2015 wurde das Ehepaar Lukas mit dem Deutschen Bürgerpreis in der Kategorie »Lebenswerk« ausgezeichnet. Und das mit Fug und Recht. Sie haben alles selbst geschaffen und sich ihren Traum erfüllt.

In ihrem Museumscafé kann man die besten Waffeln der Eifel genießen, die ebenfalls in Teamarbeit entstehen: Das Rezept stammt von seiner Großmutter, den Teig macht seine Frau und er backt sie im Waffeleisen. Einigkeit macht stark!

✐ Entdecken Sie die Vielfalt der Eifel und ihre wunderbare Natur im Naturpark Südeifel und Naturpark Nordeifel.
www.naturpark-suedeifel.de / www.naturpark-eifel.de

FRIEDRICH-EBERT-STIFTUNG /// MUSEUM KARL-MARX-HAUS ///
BRÜCKENSTRASSE 10 /// 54290 TRIER /// 06 51 / 97 06 80 ///
WWW.FES.DE/MARX ///

WARUM KOMMEN SO VIELE CHINESEN NACH TRIER?

Das Museum Karl-Marx-Haus in Trier

87

Über Karl Marx darf man denken, was man will. Und ohne ihn wäre das vermutlich anders. Denn eine Karikatur der *Rheinischen Zeitung* in seinem Geburtshaus zeigt ihn als Prometheus der Presse- und Meinungsfreiheit an eine Druckerpresse gekettet, während ihm der preußische Adler nach der Leber trachtet. Aber kennen Sie auch die bezaubernde Liebesgeschichte zwischen Karl Marx und Jenny von Westfalen, die als seine Verlobte sieben Jahre auf die Hochzeit warten musste? Jenny war ihrem Karl nicht nur liebevoll zugetan, sondern auch geistig gewachsen. So verließen ihre beiden ältesten Töchter Jenny und Laura die höhere Töchterschule, um wichtigere Dinge zu lernen und eine bessere Bildung zu erhalten. Und Mutter Jenny selbst erlernte dem Karl zuliebe sogar das Altgriechische.

Schwierigkeiten mit der Preußischen Zensur bekam Karl Marx, als er über die wirtschaftliche Not der Weinbauern an der Mosel schrieb. Marx erlebte aber nicht nur Widerstand und Verfolgung, sondern auch Vereinnahmung aus unterschiedlichen Richtungen und mit völlig unterschiedlichen Zielen. Ganz sinnlich lässt sich das erfahren in dem schönen Museumsgarten, wo uns verschiedene künstlerische Ansichten über Karl Marx begegnen: Ein pfiffiger Marx in den drei *Marx Brothers* des auch in der Eifel lebenden Klaus Kammerichs, ein fast totaler, überlebensgroßer Marx-Kopf von Fritz Cremer, Vizepräsident der Akademie der Künste der DDR, und ein nicht minder großes, poppig rotes Porträt des Aktionskünstlers HA Schult. Die sympathischste Marx-Darstellung ist die im Innenhof neu aufgestellte Porträtbüste seines Urenkels Karl-Jean Longuet, dessen Entwürfe aus den 1950er Jahren stammen. Ein lebensgroßer, alter Marx schaut uns mit wohlwollenden, verständigen Augen an. Gelegenheit, mal etwas von ihm zu lesen statt über ihn!

⚘ Die chinesischen Besucher mögen ganz besonders die Karl-Marx-Edelschokolade. Sie ist »Made in Trier« bei Café Mohr, 200 Meter von hier. Und erst diese Kuchen! www.karlmarxschokolade.de

DOM-INFORMATION /// LIEBFRAUENSTRASSE 12 /// 54290 TRIER ///
06 51 / 9 79 07 90 /// WWW.DOM-TRIER.DE ///

GÖTTLICHE UNTERSTÜTZUNG

Der Dom Sankt Peter in Trier

88

Wenn es um Religion ging, waren die alten Römer ziemlich unbefangen. Kaiser Konstantin bildete da keine Ausnahme. Zu Beginn seiner Karriere stellte er sich unter den Schutz des Kriegsgottes Mars und kurz danach schloss er sich dem Sonnengott Sol an. Sicher ist sicher.

311 bereitete er sich darauf vor, von Augusta Treverorum, dem heutigen Trier, aus nach Rom zu marschieren, um seinen Gegner Maxentius zu bekämpfen, der Anspruch auf den Kaiserthron erhob. Der Gott der Christen erschien ihm im Traum und sagte ihm den Sieg vorher. Der Kaiser war bestürzt. Was nun? Sicher ist sicher. Schnell ließ er die Schilde seiner Soldaten mit dem Christusmonogramm bemalen, und der Rest ist Geschichte.

Die Beziehung zwischen dem Trierer Dom und der Kaiserfamilie war eng: Konstantins Mutter, die heilige Helena, überließ dem ersten Bischof von Trier, Agritius, ihren Palast, den er abriss, um an seiner Stelle eine Doppelkirche errichten zu lassen. Aus deren Nordteil entstand später der Dom. Da Helena von ihrer Reise nach Palästina mehrere Reliquien mitgebracht hatte, schenkte sie Agritius einen Teil davon. Unter diesen befanden sich der *Heilige Rock*, das Gewand Christi, die kostbarste Reliquie des Trierer Doms, und ein heiliger Nagel vom Kreuz. Im Dom wird die kaiserliche Unterstützung mit zwei lebensgroßen Statuen von Konstantin und seiner Mutter an den Treppenaufgängen zur Heilig-Rock-Kapelle gefeiert.

Bis ins 18. Jahrhundert wurde der Dom umgebaut und erweitert. Zahlreich sind seine Schätze und Altäre. Sehr beeindruckend fand ich den *Dreikönigsaltar*, der den Kurfürsten Johann Hugo von Orsbeck als Ersten der Könige zeigt, wie er den Fuß des Jesuskindes küsst. Wunderbar ist auch die Apsis im Westchor mit den weißen Stuckfiguren, die sich von dem dunkelblauen Hintergrund abheben.

✍ Neben dem Dom befindet sich die *Liebfrauenkirche*, die anstelle der Südkirche von Bischof Agritius gebaut wurde. Als erste rein gotische Kirche Deutschlands ist sie einen Besuch wert.

ELINOR BICKS
Nimmergrün
. . . .
978-3-8392-2010-8 (Paperback)
978-3-8392-5267-3 (pdf)
978-3-8392-5266-6 (epub)

TRÜGERISCHE SAAT Ein rätselhaftes Waldsterben beunruhigt die Menschen im Landkreis Darmstadt-Dieburg. Kommissar Roland Otto ermittelt zunächst widerwillig. Doch dann kommen zwei Kinder zu Tode und es wird klar, dass ein mörderischer Erpresser am Werk ist. Ein Wettlauf gegen die Zeit beginnt. Die Ermittlungen führen Roland Otto und Lore Kukuk entlang des Hugenotten- und Waldenserpfades tief in die Vergangenheit. Und Lore erfährt etwas über ihre Vorfahren, das besser im Dunkeln geblieben wäre.

HELGE WEICHMANN
Schwarze Sonne Roter Hahn
· ·
978-3-8392-2057-3 (Paperback)
978-3-8392-5355-7 (pdf)
978-3-8392-5354-0 (epub)

BRIEFGEHEIMNIS Der Tod fährt eine reiche Ernte ein in dem beschaulichen Winzerdorf Gertelsheim. Hinter der gutbürgerlichen Fassade lauert eine Mischung aus alten Geheimnissen und neuen Verfehlungen, die in der Sommerhitze allmählich überkocht. Ein diabolischer Charakter hat die Dorfbewohner aufgestellt wie Schachfiguren und eröffnet eine Partie mit mörderischem Ausgang. Doch es gibt eine Gegenspielerin, mit der er am allerwenigsten gerechnet hat: Maja, die neue Briefträgerin.

SPANNUNG

GMEINER

WWW.GMEINER-VERLAG.DE
Wir machen's spannend

LIEBLINGSPLÄTZE
AUF EINEN BLICK

ALLE LIEBLINGSPLÄTZE FINDEN SIE
UNTER WWW.GMEINER-VERLAG.DE